接客力

大評判の
居酒屋・
ダイニングが
磨いている
接客法を解明。

旭屋出版

「接客力」にこだわる飲食店が増大中。

現在、実に様々な飲食店が街にあふれています。

どの店も、より多くのお客を集めるために「こだわり」を持っています。差別化できるものがないと、勝ち残ってはいけません。値段の差別化もあります。材料の品質がいいという差別化もあります。味の差別化もあります。盛り付けの差別化もあります。来店してポイントをためると特典があるという差別化もあります。

そして、いま、「接客法」にこだわわる飲食店が増えているのです。

もう、他にこだわるものがなくなって、接客法にまでこだわる飲食店が出てきたと見る人もいるでしょう。しかし、違うと思います。現代のお客が「新しい接客」を飲食店に求めているのです。そこに気が付いて、「接客法」で差別化を狙う飲食店が増えているのです。

いま、接客にこだわる飲食店は、フランス料理や割烹などの高客単価の飲食店ではなく、居酒屋やダイニングといった、若い世代を集めている大衆的な飲食店に特に目立つ傾向があるのです。

現代の若い世代は、ファストフード店に親しんだ世代です。セルフサービスに馴れ、マニュアルを実行する接客サービスの体験を積み重ねてきた世代です。

こういう若い世代には、個性のある接客サービス、印象的な接客サービスが店の選びの要素の一つになるのです。そして、魅力として伝わる接客法には、「接客力」があると言えます。

本書は、この「接客力」を店の魅力として打ち立てている居酒屋・ダイニングを取材し、接客力を高める取り組み方にスポットを当ててレポートする本です。

覚える接客から、考える接客へ。

本書に登場する6社の居酒屋・ダイニングは、業態も規模も様々です。150ページの『VOCO』は10坪のカウンター中心の店です。10ページの『金魚』は50坪の居酒屋です。それぞれの店が接客のコンセプトをしっかりと持っています。

最初に紹介しますが、この6社の接客法には共通点があります。それは覚えたマニュアルを実行する接客ではなく、考えながらする接客法だということです。

多くの店で、スタッフ全員がメモ帳をポケットに持ちながらホールの仕事をしていました。気が付いたこと、また、先輩から言われたことをすぐにメモしていました。そのメモは後で読み返され、また、ミーティングのときに発表され、スタッフと共有されます。

また、朝礼を実行している店も多かったです。そして、朝礼が接客法にかなり影響を与える役割をしているのです。

元気よく接客できるよう、営業のスタート直前の朝礼でテンションを高め、さらに、朝礼で自分の意見を発表して自己表現の毎日のトレーニングとし、しかも、仲間とのコミュニケーションを確かめ合う。攻めの朝礼です。

毎日考えて実行する接客をしている店が、確実に、そして、着実に「また行きたい」と思うお客を増やしているのです。

「この店でぜひ働きたい」と熱望させる接客。

30年以上前からファストフード店チェーンもファミリーレストランチェーンも接客マニュアルを積極的に採用してきました。アルバイトの人にも短期間で仕事を覚えてもらい、経験が少ない人でもそつなく働いてもらえるようするのが、接客マニュアルの威力です。

これからますます人手不足時代が深刻化するようです。少子化で学生アルバイトの絶対数が減りますし、継続的に働こうとしないニートも増えるようです。一方でコンビニだけでなくハンバーガー店も24時間営業店を増やすので1店で確保するアルバイト数が増えて、すでに人手の奪い合いは激化しています。

ところが、本書の6社の各店は共通して接客マニュアルを暗記してもらうことを重視していません。人手不足にも悩んではいません。「働きたい」という応募が多くて対応に苦労しているという声すら聞きました。

なぜでしょうか。

それは、誰もがすぐできる接客は目指していないからです。ある人だからできる接客法を教えているからです。「ある人」とは、サービス業である飲食店の仕事に人生を賭けたいという意気込みを持った人です。本書の6社は、「飲食店で働いて自分の夢を実現したい」と思う人を採用しています。

「あの店のスタッフは全員凄いぞ」

「あの店のやる気のパワーは半端じゃないらしい」

というウワサがウワサを呼び、飲食店での独立を夢見る若者を「お客」として連日集めて、これが繁盛の要因になっているのも確かです。

「急がば、接客力の強化！」の時代に。

飲食店の経営を考えるとき、これまでは、まず、どんなメニューにするか、どんな内装にするかを決めるのが定石でした。料理で差別化し、店舗空間デザインで差別化することが、お客を集める大きな柱とされてきました。

本書は、これからの飲食店は、メニューと店舗デザインの他、接客法も差別化の大きな柱になることを紹介した本です。

店づくり、店のコンセプトをまず「接客法」から決めることも新しい発想としてあることも紹介した本でもあります。

さらには、「おいしい」だけではなかなか差別化できない現状、ますます広がる人手不足や人材不足の問題を打破するカギも「接客法」にあることを紹介した本です。

これまでは、店をオープンしてから考えられた「接客法」です。でも、まず「接客法」から考えることも重要になっています。飲食店では接客法に関してもコンセプトが必要な時代になってきたと言えます。

メニューや店舗は、開業時を目指して完成させます。しかし、接客のコンセプトは開業してから毎日が目標達成の日々です。どういう接客をするかの目標を立てることも大切ですが、その目標に向かい「接客力」を磨き、高め続けるためにどうしたらいいかも非常に大切で、難しいことです。

その難しいことに立ち向かっているのも、本書の6社の共通点です。

接客法について、いろいろな取り組みをしている本書の6社ですが、突き詰めると共通点が多いことを、読んでいくと発見してもらえると思います。そうした「お客の心を動かす本質」を欄外に書き出していきました。この欄外だけを読み直しても、また、欄外から読み進んでいただいても結構です。

外食する楽しさ、そして、飲食店で働く楽しさの双方に新しい時代が到来していることを実感してもえる本になることを期待して編集しました。

月刊「近代食堂」編集部　飲食店の「接客力」研究部会

目次

株式会社ワールド・ワン

毎日のお客様の声を、着実に行動の原点にする

毎日、全組のお客にアンケートをお願いする。

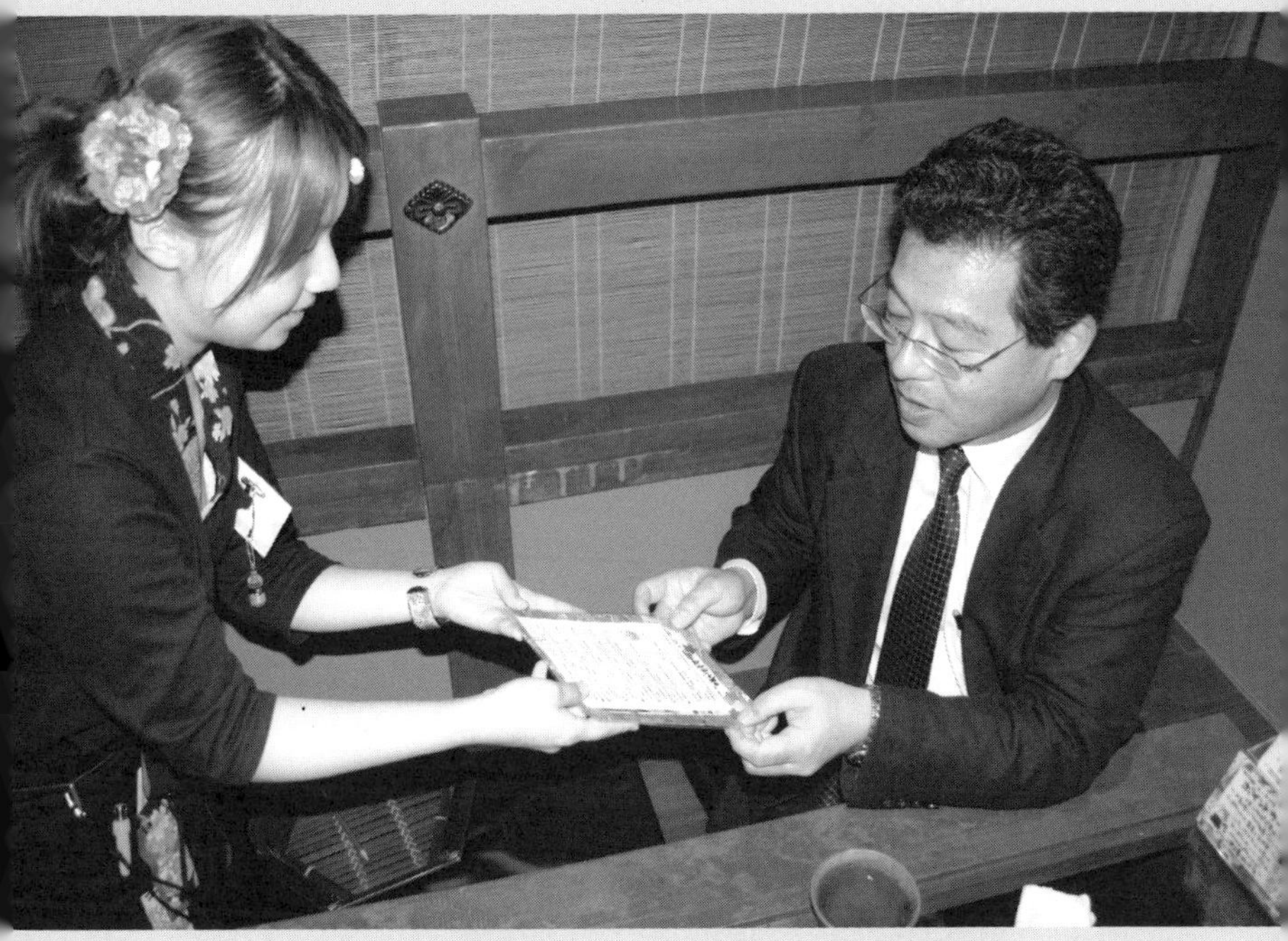

「お客様の身になって考える」。これは接客の心構えとしてよく言われることだが、これほど難しいこともない。「お客様の気持ち」は千差万別だ。その「お客様の声」を毎日毎日せっせと集め、各店ごとに改善しているのが㈱ワールド・ワンだ。

● 株式会社ワールド・ワンの店舗展開（2007年9月現在）

modern 食堂　金魚　本店
2002年2月開業　50坪・80席
兵庫県神戸市中央区北長狭通1－7－5ハクサンビル1階と地下1階
電話 078-333-6678

倭国健康居酒屋　卑弥呼
2002年9月開業　60坪・90席
兵庫県神戸市中央区下山手通1－1－2みそのビル5階と6階
電話 078-321-2929

㊬旬鮮市場　からす
2003年8月開業　75坪・120席
兵庫県神戸市中央区加納町4－3－5シャトー北野坂ビル1階と地下1階
電話 078-333-1113

炭焼きと逸品料理　串からす
2005年3月開業　30坪・50席
兵庫県神戸市中央区下山手通1－1－2みそのビル4階
電話 078-332-9494

modern 食堂　金魚　hanare
2005年7月開業　50坪・80席
兵庫県神戸市中央区北長狭通1－6－5アルプスビル7階
電話 078-333-6678

BAR　DELPHINUS
2004年6月開業　15坪・28席
兵庫県神戸市中央区北長狭通1－2－14W.A.Tポートビル5階
電話 078-333-1170

沖縄市場食堂　琉金
2007年6月開業　18坪・30席
兵庫県神戸市中央区市中央区北長狭通1－31－36ピアザ神戸（高架下）
電話 078-333-9555

6年で7店舗の繁盛居酒屋を開業した！

神戸・三宮駅周辺に居酒屋業態を6店舗、バーを1店舗展開しているのが株式会社ワールド・ワン。居酒屋業態ながら、週末になるとどの店も予約でいっぱいになる。

河野圭一社長は昭和46年神戸生まれ。20歳のときバーを開業し、24歳のとき、震災で店をなくした。その後、大阪にダイニングバーを出店。しかし、店は不振で閉店に。「失敗の数なら誰にも負けない」というくらいに、数々の失敗を積み重ねてきた。

2002年2月、神戸・三宮に出した1号店が『modern食堂　金魚　本店』。同年9月に『倭国健康居酒屋　卑弥呼』を同じく三宮にオープン。2003年8月には『㊜旬鮮市場　からす』、2005年3月に『炭焼きと逸品料理　串からす』、2

005年7月に『modern食堂　金魚　hanare』。『Bar DELPHINUS』を2004年6月にオープン。2007年6月には『沖縄市場食堂　琉金』を開業。

どの店も客単価は3000円前後で、75坪・120席の『㊛旬鮮市場　からす』は月商1750万円、50坪・80席の『modern 食堂　金魚　本店』は月商1200万円など、各店舗が好調だ。

どの店も元気な声と、満面の笑顔のスタッフがお客様を迎える。そのアルバイトのほとんどが、サービス業で働くのは初めてという人が多いと聞いて驚かされる。しかも、アルバイトの時給は800円からスタート。100時間働いて850円にアップする。それでいて、「この店で働きたい」という応募がひっきりなしにあるという。

「がんばろう！」が、最初はバラバラだった…

オープン当初から好調であったわけではない。『金魚　本店』は沖縄料理をテーマにした店。2002年のオープン当初は、まだ沖縄料理の認知度が低かった。「ちゃんぷるって何ですか」と尋ねられ、それを説明することも多かったという。

沖縄料理に着目したのは、河野社長が全国をまわって放浪の旅をしていたときに沖縄の食と文化にたいへん心が引かれたからだった。でも、いざ、関西でも沖縄料理を食べようと思うと値段が高い。沖縄特有の料理を作るには、沖縄から食材を調達しなくてはならず、その配送コストによって料理の売価が高くなってしまうのだ。

そこで、沖縄の食材を一括で配送してもらうシステムを考え、客単価3000円で沖縄料理を充分楽しめるようにした。

売価の問題はクリアしても、沖縄料理そのものの親密度を高めるのは、スタッフの熱意がまずは大切だったのは確かだ。

でも、当時を振り返って、河野社長は「がむしゃらだった」と言う。「がんばろう」「気合を入れろ」と熱かったけど、皆がバラバラ。つまり、厨房のスタッフは「いい料理を作ろう」とがむしゃら。ホールのスタッフは「お客様に喜んでもらおう」とがむしゃら。店長は「売上目標を上げる」ことにがむしゃら。自分の目の前のことだけにがむしゃらで、皆が同じ方向を向いていなかったという。その証拠に、「こっちはがんばってるのに」と不平・不満がスタッフ同士で絶えない状況だったという。

何をするにも、まずはスタッフが一丸にならないと何も進まないと河野社長は考え、単純なことだけれど、挨拶《あいさつ》を徹底するようにした。

挨拶の基本として「先に、明るく、元気良く、大きな声で、笑顔で、体を向けて、動作を止めて、相手の目を見て」行うように掲げた。

「世界で一番の挨拶をしてくれる店、企業」と言われるようになろうという目標も掲げた。

挨拶という単純なコミュニケーションだが、実は、これが当初は一部には反発があったという。社長から声をかけても、目をそらしての返事。腹の底から声を出して挨拶《あいさつ》しても、しらけた態度で小さい声での挨拶が。

「無理して大声で挨拶して何になるんですか」

「挨拶はなんでもすればいいじゃないですか」

そんな反発が続いたという。それでもめげず、はつらつとした挨拶をし、少しずつ共感する社員を増やしていった。ときには、腹を割って社員と朝まで飲みながら激論をかわすこともしばしばだったという。

皆が「世界で一番の挨拶」ができるようになるまで、2年ほどかかったという。でも、それができるようになって、皆の向いている方向が一緒になったという。

「ひとりでも多くのお客様の夢・感動・活力に貢献する」にはどうしたらいいかに向かって、一人ひとりががんばれるようになった。

なお、アルバイトを採用するときも、まず、挨拶から教える。1日90分の研修を2日間。そこでは、ワールド・ワンという会社の理念とその意味、そして、挨拶の心構えと練習。経営理念を大きな声で暗唱できないと、店に出れないことになっている。

『「ハイ」という返事はどういうときに使う?』

『先輩に自分がなって、後輩の名前を呼んで「ハイ」って元気に返事してもらうと

また来たいの本質
元気な挨拶は、好感メッセージ。

気持ちいいよね。』

『じゃあ、言ってみようか』

というように、「ハイ」の言い方も教える。

　アルバイトとといえども、一緒に仕事をする点では、何のために働くかという価値観はバラバラでは困る。アルバイトの先輩は、アルバイトの後輩に教える立場でもある。この人から教えてもらったらこうで、あの人から教えてもらったらああだった、ということでも困る。まず、ここを揃えるために、自分から挨拶《あいさつ》していけるマナー、きちんと返事ができる気持ちと経営理念だけを完全にマスターしてもらうのである。

手探りで始めた毎日のアンケートを今や財力に

河野社長が31歳のときにオープンした『金魚　本店』。50坪という大型居酒屋の経営は初めてのことだった。ダイニングバーは素人経営で失敗した経験もある。さらに、認知度の低い沖縄料理がメイン。いろいろなことが手探り状態だったという。

何か正しくて、何が正しくないかがわからないし、決断する不安もあった中、「それならお客様の声を聞こう」と始めたのがアンケートだった。

このアンケートはオープン以来毎日渡している。なんと、現在ではアンケートの回収率は一番高い店で86％にもなっている。毎日、7店舗から350通ものアンケートが集められている。

アンケートの内容は20ページの写真のようにシンプルな内容。

●今回ご注文頂いた料理はいかがでしたか？
●今回ご注文頂いたドリンクはいかがでしたか？
●スタッフの対応・サービスはいかがでしたか？
●店内は清潔で、気持ちよくお過ごしいただけましたか？
●お店の全体的な評価をお願いします。
●ご意見・ご感想をお願いします。

評価は5段階で、1満足　2やや満足　3普通　4やや不満　5不満　に○を付けてもらう。

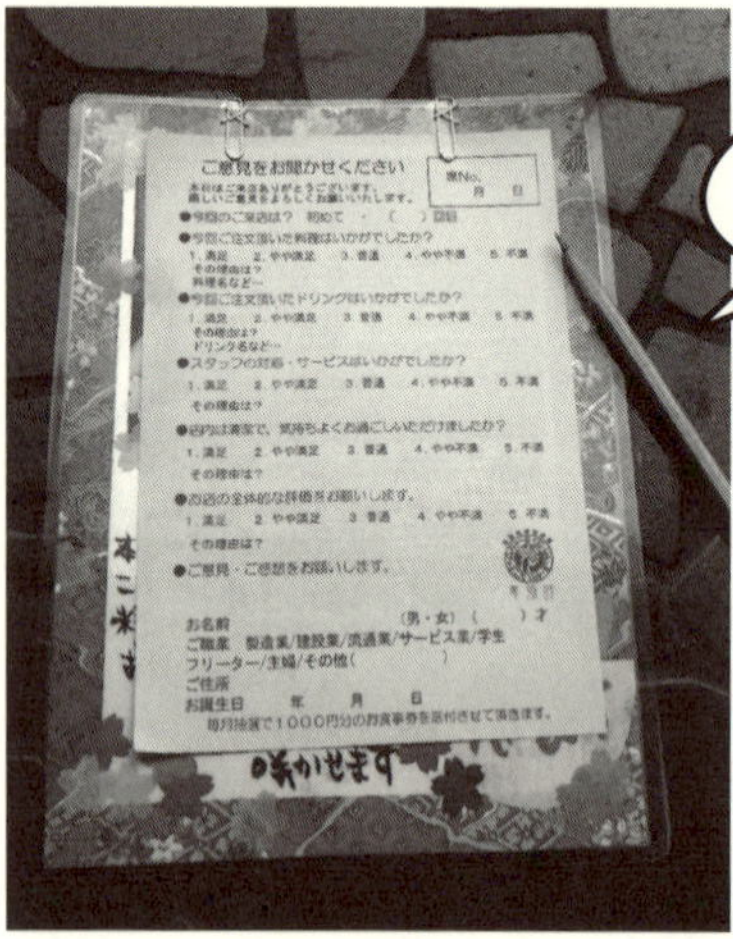

渡し方に工夫した
アンケート

アンケートの回収率を高めるため、そして、役立つ返答が得られるよう、渡す前、渡すときの会話、そして、鉛筆や下敷きにも心配りを積み重ねてきた。

一見、なんの変哲もないアンケートだ。よく、客席に鉛筆とアンケート用紙が置いてあって、自由に書いてもらう例はある。それでは高い回収率は望めなくて当然といえば当然。それにもまして、アンケートは真実の声を集めるものでなくてはならない。飲食店では、感情的な不満、「まずい」「値段が高い」といった理由の見えないクレームばかり集まるのでアンケートをやめてしまう例も実は多い。

その点では、試行錯誤の上、幹部からアルバイトまで自発的に回収率を高める工夫と、真摯《しんし》にアンケートを書いてもらう工夫をしてきた。『金魚　本店』でも当初はアンケートの回収率は20%～30%だった。

まず、アンケートに答えてもらった人に抽選で1000円の食事券をプレゼントするという名目で名前と住所をアンケート用紙に記入してもらう。署名してもらうことで、不真面目な解答や冷やかし解答も減らせる。

そして、きちんと解答してもらえるよう、アンケート用紙はきちんと渡す。具体的には、会計を頼まれたら、その間にテーブルをきれいにふいて、お茶とおしぼりを出す。そのときにアンケート用紙と鉛筆も渡す（11ページの写真）。そのときも、アンケートをお願いしますと渡すだけでなく、「今日はおくつろぎいただけましたか」「お料理はいかがでしたか」など、会話をした上でアンケートのお願いをする。

こうしたコミュニケーションをとったほうが、「そおいえば、トイレの棚のほこりが気になったなあ」と具体的な指摘が上がりやすくなるという。

その他、鉛筆の長さが13センチ以上のほうが解答してもらえるとか、鉛筆の芯がとがっていたほうが解答してもらえるとか、現場で発見したことを一つ一つ積み重ねてきた。

アンケート用紙は下敷きを添えて渡すが、その下敷きにはスタッフの写真が挟んである。この手作り感のある下敷き（20ページ下の写真）もアンケートの回収率アップに貢献した工夫の一つだ。アルバイトの人の「ひとりでも多くのお客様から意見をいただきたい」「いただいた意見を元に自分達のサービスや料理などを改善し、さらにもっとたくさんのお客様に喜んでいただきたい」という気持ちが工夫の発見につながり、さらにアンケート回収率のアップを後押ししている。このようにして集められた多くのアンケートはきちんと解答されたものであるので、それは改善ポイントの宝庫だ。

このアンケートとは別に、アルバイトの人に「お客様にほめられたこと」「お客様から言われたこと」をサービス・ホスピタリティ報告書として書いてもらっている。アルバイトの人はその日にあった出来事を忘れないようにメモしておき、それ

また来たいの本質
真険に話を聞いてくれる店によりお客は親しみを抱く。

をサービス・ホスピタリティ報告書として毎週1回まとめている。アルバイトの人は最前線で働くスタッフ。このアルバイトの声もダイレクトに吸い上げることは大切だ。

さて、いよいよ本題。このアンケートとサービス・ホスピタリティ報告書を㈱ワールド・ワンの原動力にする流れを紹介しよう。

●各店で集めたアンケートは、スタッフ誰でも見れるようにする。サービス・ホスピタリティ報告書はアルバイトリーダーがまとめて店長に渡す。

●各店で集めたアンケートを本部に集める。

●全て社長が見て、気になることは社長はメモし、幹部会議の議題にする。

●サービス・ホスピタリティ担当が全て読んで、気になるところをピックアップする。これを幹部会議の前々日に配って考えてもらう。

●週一回の幹部会議では、アンケートにあがった問題点と、アルバイトリーダーがまとめたサービス・ホスピタリティ報告書の内容を話し合う。

●すぐにできることは改善チェックシートに書く。

●幹部会議の翌日は店舗ミーティング。店長、料理長、ホール主任、アルバイトリーダーで改善チェックシートに書かれたことを実行。「こういう風に改善しました」と報告する。

●「world one 連絡事項」に改善したことを書き出してアルバイト全員に見てもらう。

毎日あがってくる350通以上のアンケート、毎週あがってくるアルバイトの声を河野社長は全て目を通し、その中で改善できることを丹念に見ていく。さらに、伸ばしたい長所も発見していく。

毎日、毎日、お客の目線は変わる。毎日、新たな問題が出てくる。だから、毎日必ずアンケートをチェックする。

そして、社長が言うから改善するのではなく、お客様が言うのだから改善しようという共通の姿勢を守り続けている。

アルバイトからの声で改善したことも数多い。宴会のときに出すサラダにはトングを付けたほうがいいとか、ドレッシングが多い・少ないと言われるので別添えにしたなど。アルバイトは従業員であると同時に「お客様のプロ」だと位置付けているると河野社長は言う。

また、荷物を預かったのに、帰るときに対応したアルバイトが別の人だったので渡すのを忘れかけたとか、辛い料理が苦手と最初に言われたのに追加注文を受けた

また来たいの本質

長所が伸びる店は、ステキに感じてもらえる。

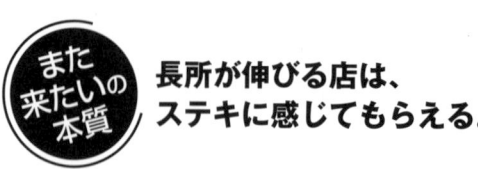

のが別のアルバイトだったので辛い料理なのに説明しなかったとか、最後に出してほしいと要望があったのに、別の人がオーダーを通して先に出してしまったとか。こうしたことが起きないように、伝票にマジックテープでマークを貼れるようにした。マークには「声かけ」「辛いの×」「荷物預かり」という単語が書いてあり、担当者が代わっても、気配りが伝承されるように工夫している。

改善したことは「world one 連絡事項」を通じてアルバイトにも発表される。自分が出した意見が採用されたら、うれしい。そのうれしさが、また新たな意見を出す意欲になっている。逆が実は多い。気付いたことがあっても、言う機会がないとか、また、言っても何もしてくれないでは、不満の素になる。不満があってヤル気が出るはずがない。

「気付く」ことのトレーニングを繰り返し。

アルバイトから毎週出してもらう「サービス・ホスピタリティ報告書」には、お客からほめられたことも書いてもらう。

でも、❶ここをほめられた→❷よかったね　では終わらせない。

❶ここをほめられた→❷お客様はこういうところを見ているんだよと、ほめられたことと同じことをしましょうではなく、ほめられたことの意味を皆で共有することを大事にしている。ほめられたことの意味を知ることで、もっとその長所を伸ばすことができるからだ。

とはいえ、お客が喜ぶポイントは、すぐに気付けない。そこはやはり、先輩、店長が言い続けることが一番の近道だともいう。気付く・気付かないは感性の問題だが、感性は磨くことはできる。そして、感性を磨くには、本人が「これでいいか」

また来たいの本質

気配りできる人が1人いる店より2人いる店のほうがお客は嬉しい。

「もっと他にやり方があるのでは」と考えられるようになることが大切だ。

同様に、「宴会のお客様に、個室のドアをバタンと閉められて驚いたと言われた」という報告にも、「気をつけましょう」では終わらせない。

どうしてバタンと閉めたことに気付かなかったのか。どうして、そのときすぐに謝らなかったのか。ここを一緒に考える。

一緒に考えて、こうすればドアを閉めるときに大きな音がしないというやり方が発見できたら、ひとつ改善できたことになる。

なお、改善点を発表する「world one 連絡事項」はサービス・ホスピタリティ担当者による全て手書きでの報告書。ときにはイラストが入り、色を塗って、強調したい箇所は太い文字で。手書きのほうが皆の身に入っていくという信念のもと、続けている。確かに、ワープロ文字の報告書と違い、毎回内容が違うことも一目瞭然。連絡事項が事務的なものではなく、楽しみにまでなっている。

1日90分×2日間。短いが充実した研修に！

最初に紹介したように、ホールスタッフのアルバイトの人は、ほとんどが飲食店で働くのが初めてという人だ。そして、アルバイトの研修は2日間。しかも、1日90分の研修。アルバイトに対して働いてもらう前に研修をするところは少ないので、180分の研修は長いと言える。一方で、わずか180分に絞り込んだ研修とも言える。

このアルバイト研修は、ワールド・ワンの接客力の原点とも言えるので、もう少し説明をしていこう。

1日90分と限定しているので、その中身は綿密に計算されている。

研修は、まず、担当者の自己紹介から始まる。そして、研修のスケジュールをきちんと話す。何が始まるのかアルバイトの人は不安なので、その不安を取り除くために全体のスケジュールを説明する。

また来たいの本質

若いアルバイトの人が真険に働く姿は本部の姿勢をよく伝える。

研修終了後に名札授与式を

100時間の研修が終了すると、名札の授与式が行われる。店長や社長が考えたニックネームが書かれた名札だ。初心者マークの名札をはずし、親しみを持たれるよう、アルバイトの人はニックネームで働く。

続いて、事務的なこと。シフト用紙の説明、給与振込み書の説明、労働契約書の説明。ここまで15分。

次の35分はマニュアルを教本にしての研修だ。「はじめに」のところを研修生の人に声を出して読んでもらう。声を出して読むと、緊張がほぐれる。担当者は、その人の声の出し方・声の大きさをチェック。

「経営理念」の項目を一つひとつ説明する。このとき、必ずメモしてもらう。さらに、そのメモは一語一句確認し、間違っていないかを見る。丁寧に書いていないところは指摘もする。その上で、次の研修までに経営理念は暗記してくるように伝える。

次は身だしなみと態度、姿勢について。これもメモしながら聞いてもらう。次は規則やマナーについて。担当者が大きな声で読み、研修生の人にも大きな声で復唱してもらう。

同様に、店舗の規則、出退勤について、退職するときについて話す。規則については、どんなに仕事がよくできても、ルーズでは人から信頼されないことを説明。正しい身だしなみができていないなら、タイムカードは押してはいけないことも話す。

続いて、お客様への「一期一会」の心、「感動」を創るホスピタリティマインドの説明。ホスピタリティマインド10項目を声に出して研修生に読んでもらう。ここで5分休憩。メモしたり、声を出して読んだり、学生の人にとって「非日常的な」かなりハードな60分のはずだ。

研修の後半の25分は、ワールド・ワンの各店舗がどのように評価されているかの説明をする。お客様からの手紙やメールを紹介する。担当者自身がワールド・ワンに入社する前と入社してからの感動と成長と夢の話をするようにもする。同時に、がんばっているスタッフ、成長している仲間のことを話す。なるべく名前を出してリアルな話として伝えるようにするという。そこで名前の出た人と職場で会ったときに親近感が増すためだ。

ワールド・ワンのスタッフは誰とでも隔てなく挨拶《あいさつ》をすること、「ありがとう」を伝え合う会社であることも説明する。

研修生がいまがんばっていること、楽しいと感じること、なりたい人間像、なりたくない人間像、自分の短所・長所についても話してもらい、しっかり聞いてあげる。

そして、1日目の最後に、次回までに「経営理念」を暗記して言えるようにしてくることを念を押す。

今いるメンバー全員が「経営理念」を覚えて言えるということ、覚えるためには声に出して読むといいこと、これすら覚えられないと、お客様に料理説明をしたり質問に答えたりできず、はたまた、お客様を喜ばせるということは到底できないことまで説明して、「経営理念」を暗唱できるようにがんばることの大切さを説明して1日目は終了する。

2日目は、仕事中の基本姿勢、声出しが中心の研修と、「経営理念」を暗唱するテストで終了。このテストに合格した者だけ、店舗で働くことができる。

「習慣の整備」を新たな目標に掲げた！

挨拶《あいさつ》を徹底してきた延長として、2006年7月から「清掃」を徹底する目標を掲げている。

単なる清掃に終わらず、職場環境を整備し、さらには、皆の習慣まで整えられる

株式会社ワールド・ワン

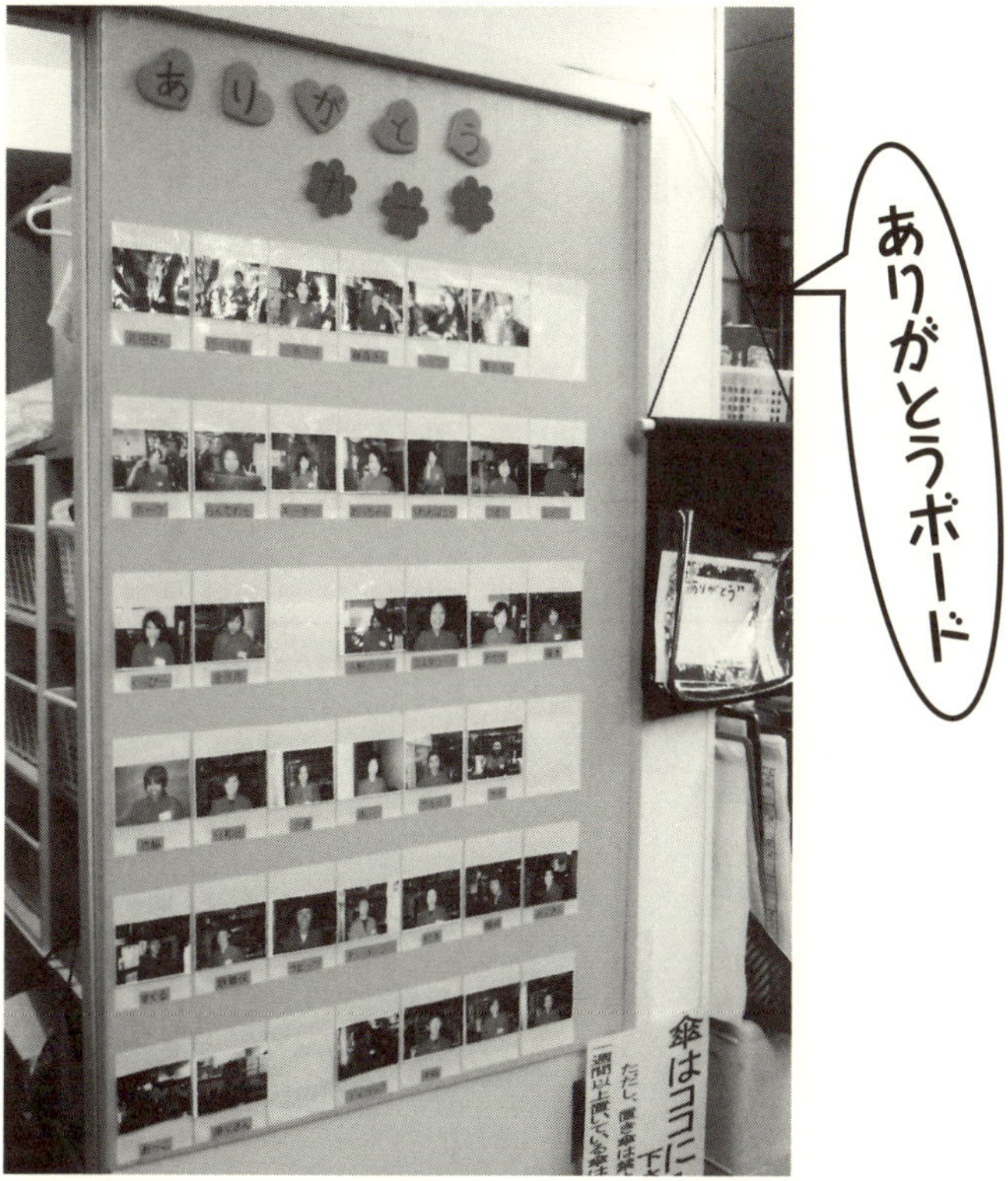

同僚に面と向かって言うのが照れくさい「ありがとう」、仕事中あわただしくて言えない先輩や後輩への「ありがとう」を短い手紙で渡せるようにボードを作って、厨房の中に設置した。これもスタッフからの提案で作ったもの。

ことを目標にしている。

具体的に進められるように、チェックシートを作って毎月1回点検するようにした。これは点検する日にちを決めて行っている。抜き打ち点検ではアラ探しになってしまう。アラ探しではなく、きちんとやることが大切なので、日にちは決めている。

こうして、点検して点数をつけて、優良店を毎月表彰する。こういうところを改善しましたという改善点のプレゼンテーションも各店でおこない、毎月、改善大賞として表彰もしている。グループ各店が出した改善策は、どんどん真似するようにも奨励している。

たとえば、盛り付けで薬味やあしらいが抜けていないかをチェックできる「盛り付けチェックリスト」、メニュー一覧に仕込みがすぐ必要なもののマークを付けるシート、サワー類を作る材料をきちんと整頓でき、間違わないで使える棚などなど。

こうした改善の積み重ねで、なんと原価率が2%下がったという。まだ残っているのに注文したりする材料がなくなったからだ。

現在は、店内のテリトリーを限定し、店長・キッチン主任・ホール主任を中心に社員・アルバイトを問わず、「今日はここを徹底的にきれいにしよう」という取り組みもしている。トイレは素手でピカピカにし、床、天井、壁なども範囲を決めて全員参加で行う。こういう見方で清掃すると、「こんなところにキズがあった」とか「ここは掃除してこなかったなあ」というところが見えてくるという。こうしたことに「気付く」ことで、今までとは「気付く」範囲が広がっていく。これが着実に接客においての「気付き」にもつながるのである。

ワールド・ワンでは、年2回、達成大会を行っている。最優秀店舗賞、売上達成率賞、ポイントカード獲得率賞、ドリンカーファイター賞、ベストルーキー賞、MVP店舗スタッフ賞、MVP社員賞など、スタッフの前で表彰する。皆が同じ方向・目標に進んでいるからこそ実施できる大会だ。

一人ひとりの接客力が磨かれることも大切だが、それがチーム力として発揮されると何倍にもなることを実証しているのがワールド・ワンだ。

また来たいの本質

接客力をチーム力として発揮できると、魅力は数倍に大きくなる。

独立を目指す店長の背中を見て、磨かれる接客力

有限会社　隊

接客法は、マンツーマンで適時教えている。

「お客様との会話を大事する」。この原点から、お客様のことを覚えるようにし、また、アルバイトもお客様と会話ができるように指導していくのが㈲隊の『伊酒家あずき』の小豆沢店長。店長の働く姿、独立を目指して働く姿勢が接客マニュアルであり、店のコンセプトにもなっている。

● 有限会社 隊の店舗展開（2007年9月現在）

お茶の間BAR　そら豆
1999年12月開業　10坪・17席
東京都大田区蒲田5－3－7司ビル1階
電話　03-3737-6060

伊酒家　あずき
2001年12月開業　19坪・36席
東京都大田区蒲田5－9－19ホテルパネックス1階
電話　03-3730-0888

やきとん酒場　胡桃　東口店
2003年12月開業　17坪・29席
東京都大田区蒲田5－3－3丸栄ビル1階
電話　03-3730-8880

創作Dining　音豆
2004年9月開業　20坪・25席
東京都大田区蒲田5－8－4クスミビル5階
電話　03-5703-8806

やきとん酒場　胡桃　西口店
2005年5月開業　30坪・40席
東京都大田区西蒲田7－4－3ソシアルプラザ1階
電話　03-3737-0963

居魚家　海幸　五反田店
2006年9月開業　20坪・50席
東京都品川区西五反田2－26－3桔梗ハイツ1階
電話　03-3492-8778

23歳の女性店長が大活躍し、ワインが地域一売れる店に！

「すべてのお客様に、自分達が特別扱いされていると思わせること」

東京・蒲田の『伊酒家　あずき』が掲げる接客のテーマは明快でわかりやすい。もっとわかりやすくいえば、自分だけが特別扱いされていると思わせるようなトークやサービスをすべてのお客に対して実践することだ。

店の売り物は、パスタやピザを中心とした創作イタリアンと、品揃え豊富なワイン。ワインは地域の飲食店で一番売れているというが、セールストークは例えばこんな感じだ。

「今日はいいワインが入ったんですよ」と、通常は用意していないいワインをすすめる。常連客はもちろん、初めて来店したお客にも同じようにすすめて、一組一組のお客が特別に扱われていると感じるような接客を行う。

あるいはテーブルトップのガラスの裏側にワインのラベルを挟んでみる。ラベルを見ると飲んでみようかなと思うのがお客の心理だ。興味を示しているお客にはさっとワインリストを持っていく。リストを見てお客が悩んでいるようであれば、「お好みはどんなものですか」と聞いてみる。

ワインだけでなく、料理でも「来月のおすすめメニューを試食していただけますか」と、試食サービスを行うこともある。

セールストークは言葉で言うのは簡単だが、実際にやってみると難しいもの。特にワインは、お客に「飲んでみようかな」と思わせるそれなりの接客のテクニックが経験も必要になる。同店は、こうした顧客意識をくすぐるもてなしを繰り返し実践し、毎日毎日飽きずに続けてきたことで、常連客を中心に地域で働くOLやサラリーマンの人気を集めている。

この接客力の原動力となって活躍しているのが若干23歳の女性店長、小豆沢貴子さんだ。

『あずき』を経営する㈲隊は、同店をはじめ蒲田駅周辺にダイニング、バー、やきとん酒場など異なる業態を5店舗、五反田に1店舗を展開する。小豆沢店長は、同社が経営する6店舗の中で最年少店長として活躍している。

また来たいの本質

気にかけてもらうと、お客もその人が気になるようになる。

お客との日常の会話の濃さが接客力の源に。

『あずき』はＪＲ蒲田駅から徒歩２分の駅前繁華街に01年12月にオープンした。当初は、現在統括マネージャー（肩書きは「番頭」）の圓山龍大氏が立ち上げ店長として店を仕切っていたが、20歳を前にしてアルバイトから昇格した小豆沢店長と04年に交代した。

それ以来、「店の運営は店長の手にゆだねる」という会社の方針のもと、小豆沢店長は、持ち前の若さと女性ならではのきめの細かい接客サービスで常連客を増やし続けてきた。

小豆沢店長の接客力を圓山氏は次のように評価する。

「小豆沢に感心するのは、お客様が以前飲んだワインをほぼ記憶しているということですね。前回飲んだワインと比較して、『前回のものよりも重めのものにしてみましょうか』とすすめたりするわけです。お客様がおいしいといってくれた銘柄をちゃんと覚えています。

こうした接客を常日頃続けていくと、オーダーするお客様の安心感にもつながります。そうすると『予算はこれくらいで、店長に任せるよ』となるわけです。このお客様にとっては、自分が連れてきたお客様に対しても鼻が高く、優越感にひたれるわけです。これが〝特別扱い〟と思わせるひとつの方法でもあります」

そもそもワインを店の売り物にしようという発想は、圓山氏が店長だった頃に決めたことだ。当時で月間３００本売れていたというが、小豆沢店長に交代してから今では月間４５０本、フェアのときは約５００本売れるという。20坪・36席の規模から考えても、納入業者からも言われたという「蒲田地域の飲食店で一番売っている」というのも納得がいく。

また、「お客様を特別扱いする」という接客のテーマは、挨拶《あいさつ》の仕方ひとつにも表れている。

2度目、3度目に来店したお客に対しては、「いらっしゃいませ」ではなく「こんばんは」と出迎えるようにしている。「お客様も〝えっ〟という少し驚いたような表情をしますが、言われて嫌な気持ちにはならないはずです。一度来店されたお

また来たいの本質

記憶という接点。
記憶が多い店にお客は行く。

客様の顔はほぼ覚えています。オーダーした料理も覚えています」（小豆沢店長）

記憶力の良し悪しは、飲食商売に限らず人とのコミュニケーションをはかるうえで武器になることも多々ある。ただ、小豆沢店長の場合、必ずしも記憶力がいいわけではないと圓山氏はいう。

「記憶するための〝接点〟がないと記憶の引き出しはなかなか開けられません。普通に流すように接客していたらお客様のことは簡単に忘れてしまう。小豆沢は、初めて来店したお客様ともできるだけ会話をするように接客しています。それも何か一つでも特殊な話をすることで記憶できるようになる。『あのときフェラーリの車の話をした人だ』『あのときネイルの話をした人だ』とかね。そうすると、記憶が顔から甦《よみがえ》ってきて、会話をしたときにテーブルにどんな料理が置いてあったか、何を飲んだのかなどの記憶を手繰《たぐ》り寄せていけます」

ただ、すべてのお客に会話を積極的に働きかけるわけではない。雰囲気的にそっとしておいてほしいというお客も当然いる。そうした場合はずけずけと入り込まないが、会計の際に「おなか一杯になりましたか」「お口に合いましたか」と、さりげなくひと言かけるようにしている。

小豆沢店長は、どんなに忙しい時間帯でも、オーダーや会計などのタイミングを利用してお客とのコミュニケーションをはかっている。それを毎日きちんと続けていることが、『あずき』の接客力の源になっている。

グループ一番の店長へ導いた具体的な目標。

「グループ7店舗の中で、最年少で一番売上げている店長」

若干23歳の小豆沢店長のもう一つの顔だ。しかし、店で働き始めた頃の小豆沢店長には、細やかな接客に長けて、ワインを月に500本も売る今のような敏腕店長の面影は微塵も無い。

小豆沢店長が『あずき』で働き始めたのは、圓山氏が01年に同店を立ち上げて3カ月目の頃。高校2年生の冬のことだった。店のスタッフの紹介でアルバイトとして入店した。高校生ということもあり、学校が終わってから夜10時まで、ほぼ週3回のシフトで働いた。面接をした当時の小豆沢店長を圓山氏は半ば呆れ気味に振り返る。

「なんというか、いわゆる典型的な〝コギャル〟でしたね。言葉遣いからして〝マジうめぇー〟という言葉が心底身についていた子でした。会った当初は本当に大丈夫かなと心配でしたね」

同社では、アルバイトの面接の際に、本人に夢があるかないかを必ず確認する。夢や目標がないと、どんな仕事も頑張れないという信念があるからだ。高校2年生のコギャルだった当時の小豆沢さんには具体的な夢は描けていなかった。それでもとにかく「夢を持ちなさい」と教育した。

そうした中で、「自分の店を持ちたい」と、小豆沢さんはとりあえずの夢を掲げたが、そのとき、「高校卒業と同時に社員になりたい」という希望を告げた。「私も社長も正直迷いました。彼女はまだ若いし、飲食業以外にも色々な可能性があるんじゃないかと……」（圓山氏）

そこで、圓山氏は小豆沢さんに「それなら、何歳で店長になりたいのか」と尋ねた。圓山氏が初めて店長になったのは23歳のとき。「圓山さんよりも早く店長になりたい」と小豆沢さんの答えに、「私も社長も無理だろうと思っていた」と圓山氏は言う。さらに、それならば、20歳で店長になるためには19歳ではこうなってなけ

また来たいの本質

お客の心を動かす本気の接客の根本には、「本気の目標」がある。

ればいけないよね。19歳にこうなるために今は何をしなければいけないかを問い、目標の実現に向けた青写真を描かせた。

はっきりとした目標ができてからの小豆沢さんの働きぶりには、圓山氏も目を見張った。

「起きたら店に行き、帰宅してからすぐ寝て、また起きたら店に行く」の繰り返しのハードな日々。若さも手伝い、寝ずに働いた。まわりの友達はみんな遊びまくっていた年頃だ。「社員になってからも遊びたいという気持ちはすごく強かった。でも、店を持ちたいという夢を掲げた以上、まずは店長になりたい一心でした」と小豆沢さんは当時を振り返る。

クリエイトすることを楽しめる職場づくり。

19歳と11カ月。20歳を目の前にして、小豆沢さんは青写真どおりに店長に昇格した。

圓山氏が新業態の出店準備で忙しくなったこともあるが、「すべてのお客様を特別扱いすること」という接客理念をはじめ、伝えるべきことはすべて伝えた。当時のスタッフの中では、小豆沢さんが圓山氏の意思を最も理解していたという確信があったからだ。まわりのスタッフも小豆沢店長の仕事を認めるようになっていた。

そして、「なによりも素直だったので、十分なのびしろがあると判断しました。素直でありなが意思の固い部分もあった」（圓山氏）

同店は、圓山氏の店長時代から常連客が多く、店長を贔屓《ひいき》にしている顧客も多かった。圓山氏が店長交代を決断してから、そうした常連客に「あずきちゃん」と気軽に呼んでもらえるように小豆沢店長の贔屓客として徐々にシフトしていった。

圓山氏が店長交代に確信を持てた理由はもう一つある。小豆沢店長の遊びたいという気持ちが途中から意識が変わり、店の様々な仕事をクリエイトすることを楽しみ始めたからだ。

例えば顧客管理においても、お客のメールアドレスを管理して、圓山氏から販促メールを出すように指示されると、「じゃ、クイズでも出します！」といった具合に、自分で考えて実行し、実行したことが跳《は》ね返ってくることにやりがいを感じるようになっていた。

メニュー開発やイベント販促などでも、小豆沢店長を中心に、若いスタッフのアイデアを積極的に活用している。また、布を縫い合わせた客席の間仕切り（58ページの写真参照）は、個室感覚を大切にしたいと、低コストで小豆沢店長が手づくりしたものだ。店内の壁もスタッフで自らペンキを塗ったものだ。

「若い人は誰でも遊びたいという欲求が強いものです。その欲求をいかに抑えて仕事に向かう環境をつくってあげられるかが、飲食店の人材教育の大きなテーマです。若い人たちを戦力化していくうえで重要なことです。いま遊ぶよりも、いま頑張ってあとで遊べばいいと、どれだけ頭で理解できるかです。それができれば、学歴はなくても飲食業界では絶対に成功します。

それと、会社の仕事の進め方、人の育て方として、ここから先はやってはダメ、君の仕事はここまでという線引きをできるだけ設けないようにしています。私のような頭の固いおじさんがクリエイトするよりも、17、18歳の若いスタッフがクリエイトすることのほうがおもしろいことはたくさんあります」（圓山氏）

若い人のチャンスの目を摘まない。できるだけ日々自由に発言してもらい、それをビジネスとして変えてあげる上司がいる。だから下で働く人間は仕事がしやすい

また来たいの本質

「仕事が好きな人」より「仕事を楽しむ人」にお客は心を強く引かれる。

し、仕事を楽しみ、やりがいを感じることができる。これが㈲隊の組織の強さでもある。

マニュアルはない。皆の手本は「店長の背中」。

隊グループにはマニュアルは一切ない。「マニュアルは店長の背中」だという。圓山氏の背中を見て小豆沢店長が育ち、小豆沢店長の背中を見て部下が育つ。店長の背中を見て部下が育っていくので、店長はみんな部下のお手本にならなければならない。

例えマニュアルで縛っても、相手が違えば、サービスをするお客様によっても接客の微妙なニュアンスは違ってくる。圓山氏のマニュアルを作らない理由を尋ねてみた。

「マニュアルがあると、今の若い子はマニュアルができればいい、これだけやっておけばいいと、その先に向かう努力をしません。でも、飲食商売では間違ってもかまわないことはたくさんあります。マニュアルにお客様が来店したら『笑顔でいらっしゃいませと言うこと』と書いてあるとします。だけど、しょっちゅう来店する常連のお客様に、毎度マニュアルどおりの『いらっしゃいませ』ではお客様も飽きます。極端にいえば、お客様が喜ぶなら『オスッ！』でもいいわけです。お客様が喜ぶのは必ずしも『笑顔でいらっしゃいませ』ではないはずです。マニュアルもお客様によっては最善ではない。最善でないのならマニュアルはあえて作らないというのが会社としての考え方です」

特に接客サービスに関しては、スタッフとお客の間に生まれる〝今の空気〟を感じ取り、その場その場の状況に応じて動いていくことが重要だという考え方だ。

こうした考えの根底には、「飲食店は個店でなければいけない」という同社の信念がある。

一店一店に個性があり、マニュアル化した多店舗化とは対峙する、それぞれ魅力のある店づくりを店舗展開の基本戦略にしている。そして、店長にはオーナーのつもりで働いてもらう。そのために店の運営はほぼ全権店長の力量に委ねる。〝マンパワー〟をいかに育てるかに重点を置いている。

また来たいの本質

“店主”がいつもいる店は常連客が必ず増える。

毎日、毎時がミーティングという考え。

『あずき』のスタッフは、小豆沢店以下、26歳の料理長、19歳と20歳、高校生のアルバイト6人を含めて総勢8人の所帯。この人数で、決して広い店ではないので、スタッフ間のコミュニケーションはとりやすいようだ。

朝礼やミーティングといったものも店では一切行っていない。毎日の会話がミーティングであり、注意・確認をし合い、気付いたことは後回しにせずにその場で解決する。店が終わってからも、一緒にご飯を食べに行くことも多い。これもミーティングのようなものだ。店がクローズしている時間や暇な時間にも、お互いに言いたいことを自由に言い合える環境が毎日ある。

スタッフ間の日常のコミュニケーションがとれているからこそ、こうした日々の会話を通して意思疎通をはかれるのが、同店のチームワークの強みでもある。

メニュー開発においても、小豆沢店長と料理長との間でうまくコミュニケーションをはかり、新メニュー開発を手がけている。基本的には、小豆沢店長が料理のイメージを伝え、スキルのある料理長が具現化するというパターンだ。

例えば、人気の「マンモスステーキ」（1280円）は、牛骨にハンバーグのパテを貼り付け、牛肉のスライスを包んで焼き上げたもの。このメニューを発想した小豆沢店長が、「ほら、アニメとか漫画によく出てくるじゃん。骨に大きな肉が付いたやつ」という感じで伝えると、料理長が実際に商品化する。できた商品をお互いに試食して、意見交換しながら商品を完成させる。

また、お客の意見を吸い上げて作ったメニューも多い。常連客との会話を通してアンケートをとり、実際にそのメニューがおすすめ商品になることもあるという。

小豆沢店長は、アルバイト時代からホールも厨房も両方こなしてきた。料理長が休みのときは小豆沢店長が厨房に入ることもある。食材やメニュー構成など厨房の勝手を知っているので、料理長との意見交換もスムーズに行えるのだ。

「小さな店なので、厨房担当、ホール担当とは分けません。スタッフには接客も料理もできるように働いてもらいます。メニューの知識があれば、お客様に聞かれても細かく説明できます。接客のレベルを上げるために必要なことです」（圓山氏）

「笑顔をつくれない」スタッフも教えて育てる。

圓山氏の背中を見て育った小豆沢店長は、自分のスタッフにどんな背中を見せているのか。

スタッフの育て方も接客のノウハウも学んだとはいえ、接する相手が違えば対処の仕方もそれぞれ異なる。その点は、多少なりとも苦労はあるようだ。

「基本的には圓山さんから教わったことは私の経験にはなっています。でも、それは相手によって違います。いまのスタッフもみんな個性が違います。負けず嫌いな子もいれば、弱気な子もいます。給料分だけ働いていればいいやというような子もいます。そうしたスタッフをいかにヤル気にさせるかが私の仕事です」

小豆沢店長が直面した厄介なスタッフに、M子という〝問題児〟がいる。いまでこそ接客をしていてもだいぶ〝らしく〟なってきたようだが、入店当初はかなり手を焼いた。圓山氏から見て、このM子は、小豆沢店長の若い頃にそっくりだという。

「M子も典型的な〝コギャル〟タイプです。M子はお母さんがうちの店の常連さんで、うちの娘を面倒見てほしいと頼まれて雇った子です。このお母さんは、「マジうめぇ～」と言っていたコギャルの頃からの小豆沢を知っていて、小豆沢が立派な店長に成長していく過程をずっと見てきました。それもあって、「うちの娘もあずきちゃんみたいにして欲しい」と頼まれて、2年前に預かりました。いまは契約社員として働いています。最近はだいぶ変わってきましたが、当初はもう……」

「当初は、言葉遣いがなってないのはもちろん、笑顔をつくれない子でした。今でこそ笑うようになってきましたが、笑顔でお客様に接することに抵抗があるというか、知らないんです。私もアルバイトで入った頃はそうでしたが、若い頃は知らないおじさんに笑顔をつくるのに抵抗があるものです。だからオーダーがあってもただ商品を運ぶだけになってしまうのです。商品を運ぶだけなら小学生でもできることです。だから、接客というはそうじゃないんだよ、という話をしました。笑顔をつくれるように、「お風呂で鏡を見なさい。ほっぺをあげて、笑顔をつくる練習をしなさいと言いました。横から見えたものが本物の笑顔なのです。でも、店で上から言うだけではダメです。店が終わった後に一緒に食事をしたり、遊びに行ったり、今でもコミュニケーションをできるだけとるようにしています。細かい指導をするのは、まず信頼関係をつくって、相手の心を開かせてからですね」

いらっしゃいませと笑顔で迎える。ありがとうございましたと笑顔で返す。ドリンクがなくなっているお客がいれば「何かお持ちしましょうか」と笑顔で話しかける。M子のような笑顔をつくれない10代の子は特に、こうした基本的な接客を教えることが難しいと小豆沢店長は今、痛感している。

「人と話すのが苦手」なスタッフも教えて育てる。

笑顔をつくれないM子に鏡を見る練習を教えたように、小豆沢店長は、19歳、20歳の若いスタッフには、そうしたちょっとしたテクニック的なこともどんどん教えている。それだけでなく、若いスタッフとお客との接客場面でもちょっとしたテクニックを駆使することもある。

スタッフの中の19歳のアルバイトは、初対面の人と話すのが苦手なタイプ。笑顔はつくれるが、「いらっしゃいませ」「ありがとうございました」のほかにはちょっとした会話もできない。小豆沢店長がこの子に施した処方箋は、お客と会話せざるを得ない状況に放り込むこと。

「この子の場合、常連さんが来店すると一緒にお客様の席まで引っ張っていきます。最初は私が中心になって話をし、彼女は隣で一緒に笑っているだけです。でも、彼女をお客様に紹介したり、徐々に会話の和に入れて、話をさせるようにします。それからさりげなく私は席から離れて奥に引っ込み、彼女を独りぼっちにさせます。彼女は「いっちゃうの？」とすがるような顔をしながらも、なんとかお客様とうまく話をします。ただ、お客様のペースにはまり、その場から逃げられないような状況になると、こちらから仕事の理由を付けて呼ぶようにしました」

ずいぶんと手の込んだ仕掛けのようにも感じるが、この間わずか1分、2分という離れ業だ。

こうしてマニュアルでは決して教えられない、覚えられない接客のテクニックを教え、アルバイトがそれを身につけていく。「あそこのお客様と会話をしてきなさ

また来たいの本質

新人にしかできない、初々しい一所懸命さは好感を呼ぶ。

い」と言われてもできるものではない。だから小豆沢店長が会話の橋渡しをするわけだが、独りぼっちの状況に追い込まれたら、どんなに会話が苦手な人でも、なんとかしようと努力をするものだ。こうした日々の接客の積み重ねで、お客との距離が少し縮まり、顧客化を進めている。

だからといって、初めて来店したお客に居心地の悪い思いはさせない。会話ができるように育てた若いスタッフは常連客の接客を主に担当し、小豆沢店長がフリーのお客の接客を担当している。

小豆沢店長の接客術やスタッフ教育のうまさを圓山さんはこう説明する。

「根は明るい子でも、仕事になると笑顔をつくれない子はたくさんいます。結局は、自然と笑顔が出るような環境をつくるのが店長の役割です。その環境をつくるのが小豆沢はうまいですね。接客は、お客様を楽しませることが大前提です。お客様を楽しませるための一番の方法は、働くスタッフが楽しむことです。スタッフが楽しむ「空気」をつくっていくのが小豆沢はうまい。

ただ、M子にしても、最初は、お風呂で鏡を見る練習をしなさいとは言っても、それ以上のことは言いません。小豆沢は技術論やテクニックがあるわけではなく、彼女の気付いていない部分がテクニックなのかもしれませんね」

また来たいの本質

親しみを感じるスタッフが多い店ほど、また行きたくなる。

常連さんの協力で、育てる

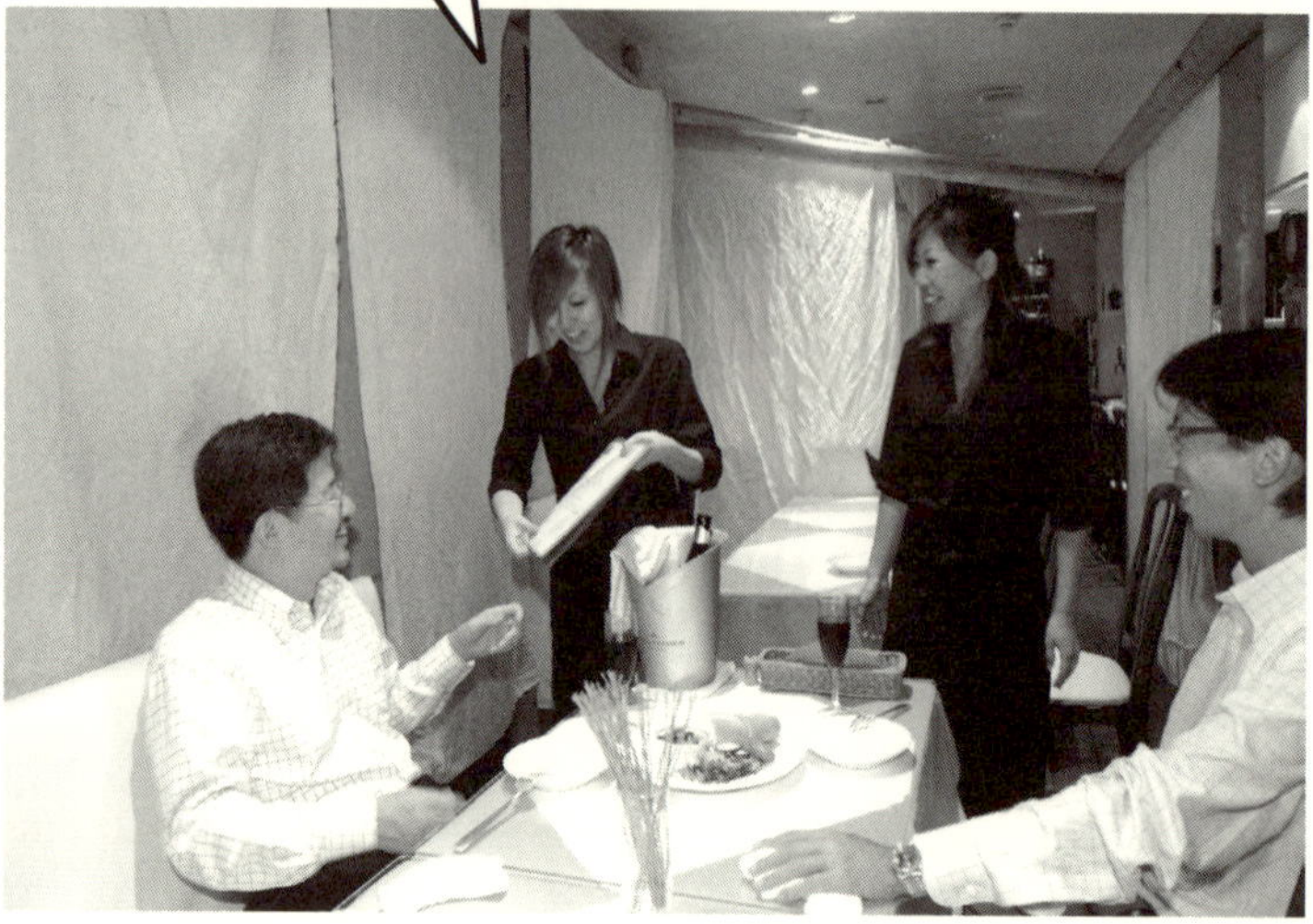

小豆沢店長（写真右）は、常連の接客のときにアルバイトの子を横に立たせておくことも。そうしながら、徐々に会話に参加させたり、メニュー説明をさせたりする。常連客の協力を得て、お客様とどういう会話をするかを体で覚えてもらう。

アルバイトを戦力化するために「手当て」を。

経営元の㈲隊の人事や給与面は「実力主義」に徹底している。特に、若いスタッフを戦力化していくうえで、会社として配慮しているのは給与だ。

「女性だから、若いからという理由で給与を押さえたら、若い人たちは伸びません。23歳の小豆沢がこの店でどれだけ売っても月給20万円、25万円しかもらえないようではモチベーションは上がりません。いくら夢があったとしても。だから、性別、年齢、経験などは多少は考慮はしますが、あくまでも給与に反映されるのは売上であり利益です。利益を出している店長はより高い給料がもらえるようにしています」（圓山氏）。

ちなみに同社の場合、アルバイトの時給は1000円に固定している。最初はいくらからスタートというスタイルはとらない。入店後、最初の30時間の研修期間を過ぎれば、新人でも何年働いている人でもみんな一緒の金額になる。同社の方針はこうだ。

「1年働いて1000円のスタッフと、3年働いて1200円のスタッフとではどれだけ能力の違いがあるでしょうか。時給が1200円に上がって手抜きをしても1200円払わなければいけません。一度上げた時給を下げるのは難しい。だから、決して低くはない、働く側が納得のいく1000円という金額に設定しています。ただし、シフトを組むとか、経営数値にタッチするなど、通常のアルバイトの仕事の枠を超えた仕事をやり始めた段階で「手当て」という形で支給します。成果主義のようなものですが、お金が欲しければ仕事をどんどん覚えなさいということです」

社長がスタッフの個人的なお金の使い方もチェック。

小豆沢店長は、実績に見合った給与をもらっている。しかし、一歩外に出ればそこは23歳の普通の若者。「与えすぎると若い人はおかしくなります。貯金しろと常々口をすっぱくして助言します」と圓山氏が言うように、同社のスタッフに対する金銭管理が少しユニークだ。

小豆沢店長の場合、給料とは別に個人預金の通帳を社長が持っている。現金の引き出しは自由だが、お金を引き出すと社長にわかるようになっている。下ろした金額が多額であれば、「何に使ったの?」と社長から問い詰められるのだ。

例えば、車を持っているスタッフが車検のために20万円を下ろすのはよしとされ、10万円下ろしてパチンコや競馬に使おうものなら、社長から大目玉をくらうという。社長は、そこまで従業員の金銭管理に徹底するという。

「若い人たちは金銭面に関しては手放しでは任せられません。経験上、飲食店の若いスタッフが借金などお金の問題でダメになっていったケースはたくさん知っています。クレジットカードも簡単につくれる時代です。こうした悲劇をなくすためにも貯金させるようにしています。このことは飲食店では特に重要な問題です。

普通の会社組織ではありえないことですが、親子の関係ならばありうることです。まさにうちの会社はファミリーなんです。社長がお父さん、私がお母さん、社員やアルバイトは子供たちです。仕事上の表面的な付き合いではなく、家族だからとことん中まで入り込むのがうちのやり方です。私は、スタッフが彼女や彼氏とどういう状況か、お父さん、お母さんがどんな状況かなど、極力把握しているつもりです。社長もみんな知っています。そうでないと、いまどんな問題を抱えているのか、何に悩んでいるかを把握していないと、彼女のモチベーションを上げられないからです。うっとうしがられるかもしれませんが、これがうちの強い組織づくりの一貫でもあります」（圓山氏）

小豆沢店長の場合、社長管理下での貯金のほかに、自分自身でも貯金をしているそうだ。「自分の店を持つ」という現実的な夢があるからだ。

地の利を活かした組織全体の活性化を！

蒲田駅周辺で展開する6店舗の店は、それぞれ業態は違うが、スタッフの人材交流を積極的に行っている点がこのグループのユニークなシステムであり、強みだ。

例えば、『あずき』で人手が足りないときは他店のスタッフがヘルプで手伝いにきてくれる。逆に、他の店で人手が足りなければ同店のスタッフが手伝いに行く。新人アルバイトの場合も入店後、仕事に慣れてくると店舗間でシャッフルを行い、早い時間はA店で働き、夜9時以降はB店で働くというケースも実際に多い。

だから小豆沢店長は、自分の店のスタッフだけでなく、グループ店舗の総勢約40名のスタッフとのコミュニケーションがとれている。グループ6店舗のうち5店舗が同じ地域にあるメリットを活かしているわけだが、こうした点がこのグループのファミリー的な部分でもあり、また組織の活性化にもつながっている。

人事交流はアルバイトの面接のときから始まっている。同社では、広告を出してアルバイトを募集することはほとんどなく、スタッフの紹介で新しいスタッフが入ってくるというケースが多い。面接は圓山氏が担当するが、紹介されてきた人がどの店で働くことを希望しているかにより、例えば『あずき』で働きたいなら小豆沢店長を面接に同席させることもある。ただ、実際に配属される店舗は本人の希望どおりにならないことのほうが多く、その人の適性と、各店舗の欠員状況などから判断して配属店舗を決める。5店舗が同じ地域にあるということもあり、希望と配属先が違うからといって「嫌です」という人はいないという。

同社のもうひとつの特徴は、アルバイトから社員になる人が多いことだ。グループ全体で14人いる社員のうち、9人がアルバイトからの登用組だ。それ以外は圓山氏が過去に一緒に働いていた仲間や知人の紹介などだ。

グループ全体では、現場スタッフの平均年齢は24〜25歳と若い。アルバイトスタッフにも責任を持たせ、自主的に行動させ、若い力をうまく引き出してあげることが、店の活力とグループ全体の原動力になっている。

ところで、アルバイトはスタッフからの紹介が多いというが、同社ではアルバイトの採用基準にしているものは何か、最初に何を教えるのか。

「基本は、夢を持っているかどうかを基準にしています。夢や目標がないと頑張れません。役者でもお笑い芸人でも弁護士でも何でも目指すものがあればいい。その目標に関して、飲食店で働くということはなんらかの形で貢献できます。対人間であり、製造であり、物流であり、店舗という一つの箱の中にたくさんの仕事の要素が詰まっているからです。

それをふまえ、うちの店が、自分の夢にまったく関係がなく、働いても意味がないのであれば、この店で働く必要はないよね、と面接のときに話します。そして、ここで働くことは後々必ず生きてくる。何らかの形であなたの夢に貢献できるのだ

また来たいの本質

頑張っている姿を、
お客はまた見たくなる。

から、自分の夢はしっかり持ちなさいと伝えます。自分の夢のために必要なのであれば、まずうちの店で頑張りなさいと伝えます。

実際、18歳、19歳の年頃でしっかりとした夢を描けている若者はそう多くはありません。しかし、個人の持っている能力で適当に流していくだけで成功する仕事はありません。頑張らなければいけない、また、我慢しなければいけない状況がどこかで必ず出てきます。その頑張るモチベーションが夢です。だから、アルバイトには徹底的に夢を植えつけます。それがなければ伸びるはずがありません。うちで社員に昇格してくるスタッフはみな夢を持って我慢をしてきた人たちです」（圓山氏）

“自分の店”のために、“将来”のために働く！

『あずき』は、07年6月20日からランチ営業を開始した。
それまでは17時から翌5時までの営業だったが、深夜の営業は金曜・土曜を除いて3時までに短縮し、11時30分から14時まで、小豆沢店長の発案でランチ営業を開始することになった。

圓山氏が店長だった当時は、地域のパブやバーのボーイや女性従業員などの深夜の需要があり、それなりに客数は確保できていた。しかし、最近になって深夜の需要が減り、客数が落ちてきたこともあり、深夜の営業を短縮することにした。それならば、「どうせ早く閉めるならランチも営業したい」という小豆沢店長の提案で開始することになった。

しかし、圓山氏や社長はランチ営業を行うことにあまり前向きではなかった。昼のお客が夜につながらないということが経験上わかっていたからだ。

蒲田という地域は、買物や遊びなど外から人が流れてくる場所ではない。地元で働く人や住んでいる人が客層のほとんどを占める地域密着型の土地柄だ。だから同店でも地道な接客サービスを日々繰り返して顧客化を進めてきた。お客のパイがある程度限られた地域で、昼も夜も集客することはそんなに簡単なことではない。

そこで、深夜を早めにクローズした分、積極的な販促や接客などで夜7時、8時の早い時間帯の売上を強化し、それなりの売上を確保することができた。ランチ営業に関しては特に販促や宣伝はしなかった。夜の常連客に「ランチも開始します」

と告知したのみだ。ところが、小豆沢店長を贔屓《ひいき》にしている常連客などが〝宣伝マン〟となり、中には社内メールで宣伝してくれたサラリーマンもいた。そうした影響もあってか、開始初日にはすぐに満席になった。いまのところ、ランチ営業は成功しているようだ。

ランチ営業を開始して以来、小豆沢店長の働く時間はいままで以上に長くなった。週末などは昼の11時から翌朝5時まで、18時間ほとんど店に出ていることが多い。しかも会社から強制されているわけではない。むしろ「働きすぎじゃないの」と叱られるくらいだ。ここまで働くのは、「自分の店なのに私がいなくてどうするの」という気持ちが強いからだ。

「この〝私の店〟という気持ちが大切なんです。飲食店で働く以上、いつまでも人に使われていてはダメなんです。最終的には独立しないと。また、それくらいの気概が必要です。だから、小豆沢にも一生うちにいろとは言いません。力をつけて、お金を貯めて、早く飛び出していってほしい。能力のあるスタッフはどんどん独立してほしい」(圓山氏)

いま、同社では新店舗の出店に向けて物件を探しているところだ。小豆沢店長の「蒲田とは違う街で2号店目を出したい」という希望を具現化するための店でもあ

また来たいの本質

〝私の店〟と思っている人をお客は信頼する。

る。実現すれば、小豆沢店長は2店舗を管理することになる。

「この先自分が独立したときに、複数店舗を管理するための勉強にもなるでしょう」と圓山氏も期待を持っている。

株式会社スマイルリンクル

「ありがとう」と「笑顔」の接客を全員の決意に

朝礼で「今日のありがとう」を発表する。

「ありがとう」と素直に言える心と、「ありがとう」と言われることを自分の喜びとして受け止められる心。この双方の心で「人材」を「人財」に成長させるよう、社内の制度づくりや教育プログラムに積極的に取り組んでいるのが㈱スマイルリンクルだ。

●株式会社スマイルリンクルの店舗展開（2007年9月現在）

Big-Pig　神田西口店（広島お好み焼き）
1999年11月開業　60坪・120席
東京都千代田区内神田3－4－6富士エレベータビル地下1階
電話 03-3255-6262

Big-Pig　八重洲店（広島お好み焼き）
2003年9月開業　12坪・25席
東京都中央区日本橋3－4－3敷島ビル2階
電話 03-3272-6262

赤坂　大地乃蔵（鉄板焼き）
2003年11月開業　35坪・73席
東京都港区赤坂3－16－7赤坂KTビル1階
電話 03-3588-6262

壱鉄　神田店（ジンギスカン）
2005年6月開業　18坪・34席
東京都千代田区内神田3－4－6富士エレベータビル地下1階
電話 03-5256-2626

壱鉄　上野御徒町店（FC）
2005年10月開業　20坪・40席
東京都台東区上野3－22－3ジイドビル地下1階
電話 03-3836-6262

ホルモンバー東京　葛西店（もつ焼き・もつ鍋）
2006年2月開業　20坪・37席
東京都江戸川区中葛西3－33－6マルカハイツ葛西1階
電話 03-5667-2626

Big-Pig　行徳駅前店（広島お好み焼き）
2007年3月開業　12坪・25席
千葉県市川市行徳駅前2－16－10
電話 047-397-6262

ホルモンバー東京　行徳駅前店（もつ焼き・もつ鍋）
2007年3月開業　30坪・50席
千葉県市川市行徳駅前2－8－17
電話 047-399-6222

鉄板人生なにわ道（大型移動鉄板車）
2007年6月稼動
車体側面から3mの鉄板が出てくる、本格的な調理設備を搭載した広島お好み焼きの移動販売車。現在、パチンコ店の駐車場などで稼動。

感謝の心を育てる「ありがとう」の訓練！

「今日のありがとうを発表してください！」

店長のかけ声で、朝礼の雰囲気がいっそう引き締まる。すると、整列したアルバイトが順番に「ありがとう」を発表していく。

「昨日、料理がたまっているときに山田君に助けてもらいました。ありがとう！」

「お客様に〝髪を切って綺麗になったね〟とほめられました。ありがとう！」

「今日は朝から体調がいいです。快便でした。ありがとう！」

喧騒を待つ静かな店内に、アルバイトの明るく元気な声が反響する。アルバイトがひととおり発表し終えると、今度は店長がアルバイトの青木さんを指して言う。

「今日の一番のありがとうは青木さんです。ありがとう！」

「ありがとう!!」

店長のありがとうの声とともに、スタッフ全員が一斉に発する「ありがとう」の声が店内に響き渡ると、まもなく今日一日の営業が始まる。

㈱スマイルリンクルでは、経営する全店舗で毎朝朝礼を行っている。朝礼では、業務連絡事項などを店長がひととおり話した後に、スタッフ全員が朝礼のテーマ「今日のありがとう」を発表する。最後に、店長が今日一番のありがとうを決めて、一番になった人に対して全員でありがとうと大きな声で唱和する。仕事のこと、プライベートなこと、ありがとう対象は何を発表してもいい。朝礼のテーマは定期的に変わるが、「今日のありがとう」は、〝ありがとうの教育〟の一環として行っている。

このユニークなありがとう訓練。なぜ、アルバイトに朝礼という場で発表させるのか。同社代表取締役の森口康志さん（41歳）はこう説明する。

「毎日の、なんでもないことにでも感謝する気持ちを持ってもらうためのです。お客様のちょっとした対応にも心から感謝できる人間に育てるためです。ただし、ありがとうとの気持ちを持つには、実は訓練が必要です。訓練をしないで一日をだらだらと過ごしていると、ありがとうと思うことが一回もない日があります。朝礼で発表するには、ありがとうと思える場面を意識して、気付こうとして毎日を過ごさなくてはいけません」

朝礼で発表すること自体が訓練ではなく、ありがたいと思えることを意識して過ごすことが訓練。つまり、なんでもないことにもありがたがる思考を育てるための訓練でもある。

「例えばお客様からオーダーがあったときに、空いたお皿をスタッフに手渡してくれるケースがあります。これは店にとってありがたいことなのですが、訓練されていないスタッフはただ機械的にお皿を受け取り、感謝の言葉すら出ないこともあります。訓練をしているスタッフは、あたたかい気持ちになり、わざわざありがとうございますと本当に感謝をします。マニュアル化されたありがとうございますではなく、ハートがこもっていないとダメです。

極端にいえば、訓練をしている人は、歩いていて交差点に差しかかったとき、赤信号がいきなり青に変わっただけでも感謝できるようになります。こうしたことが、ありがとうの訓練には山積みされています。訓練をすることが、アルバイトの人が今後生きていくうえでも絶対に役に立ちます」

また来たいの本質

「気付いてくれる」ことが多い店は好かれる。

「朝礼」を、接客の意識を高めるスイッチに。

スマイルリンクルは、広島お好み焼きの『Big-Pig 神田西口店』を本店に、神田、八重洲、東京メトロ東西線沿線に直営8店舗、FC1店舗を展開する。業態はお好み焼き、ホルモン焼き、ジンギスカンなど鉄板焼きを中心にしている。お好み焼きの店は、厨房が見えるオープンキッチンで、スタッフがお客にパフォーマンスを見せながら焼くスタイル。もつ焼き、ジンギスカンなどお客が自分で焼くセルフスタイルの業態も増やしてきている。

フルサービスでもセルフサービスでも、業態を問わず接客第一を主義として徹底する同社は、94年2月の創業以来、13年連続で売上アップを実現。今後も都内を中心に新店舗の出店を進める予定でいるが、多店舗化と朝礼が実は密接に関係していると森口氏はいう。

「基本的に、朝礼が絶対に必要だとは考えていません。精鋭たちが集まれば、店内に営業開始のBGMが流れた瞬間にプロの顔としてスイッチが入るというのが私の考えです。当社でもまだ数店舗しかなかった頃は朝礼を行っていなかった。朝礼がないとスイッチを切り替えられないような人間はプロではないと考えていました。しかし、多店舗化を進めて、アルバイト中心のスタッフ体制になってくると、朝礼という仕組みを使わなければスイッチが切り替わらなくなってきただけです」

それでも森口氏は、朝礼がもたらすメリットはたくさん感じている。どんなアルバイトでもスイッチが切り替わる。いま進めている「今日のありがとう」の訓練などは、朝礼で発表しなければ、若いアルバイトは意識すらしないかもしれない。感謝する気持ちを持つことの大切さを社長や店長が言葉で説明してもアルバイトには伝わらなかったかもしれない。

朝礼もまた、アルバイトを接客のプロに育てるための仕組みの一つ。

「笑顔の接客」が自然に生まれる店を目指した。

「お好み焼き屋なのになんでこんなに愛想がいいの？」

広島県出身の森口氏が一人で日本橋に広島風お好み焼き店を開業したのは94年2月。9坪20席の小さな店だが、99年の神田西口店の開業にともない閉店するまでの5年間で、月商400万円を売る人気店に育て上げた。

「笑顔の接客」を徹底して心がけて、販促も積極的に行い、人気を集めた。ただ、冒頭のようにそれがお客に感激されてしまうほど、「当時はまだ、お客様の飲食店への期待値が低かった」という。セルフスタイルの店が多いお好み焼き店だったからという面もあるかもしれないが、「笑顔で接客するだけで、こんなにも喜んでもらえるのか」と実感した。

「飲食店は、基本的には笑わなくても商品が売れる業種です。お客様はおいしいものが食べたくて来店するわけですから、従業員の笑顔がなくても商品は売れます。しかし、一度来店したお客様にまた来てもらうためには絶対に笑顔が必要です」

オーナー店長だったがゆえ、常に売上のことを切実に考えながら接客にあたり、当然のように笑顔をつくる。しかし、アルバイトには店の売上は関係のない話ととらえる人も多い。笑顔がいかに大切か、必要なことなのかをアルバイトにわからせるまでに苦労したという。

「笑顔は、相手に自分をさらけ出すための最初のポイント。相手の心を開き、自分を印象付ける、コミュニケーションのきっかけになります。ただ、お店のためではなく、自分のために笑顔が必要なんだということをアルバイトには教えました。店のため、店長のため、会社のためと考えてしまうと、なかなか笑えないものです。笑顔をつくるということは難しいことかもしれませんが、スイッチを一つ切り替えればとても簡単なことなんです」

だから、「笑顔をつくりなさい」と指導するのではなく、自然と笑顔をつくれる「環境」をつくることを心がけている。朝礼の、ありがとうの訓練もその一つ。「ありがとう」と心から感じて言葉に出すとき、人は必ず笑顔が出るもの。

また来たいの本質 **「笑顔」はより印象に強く残る。**

「販売のプロ」の技術が高い接客力を生む！

「昔は僕も笑えない男でした」という森口氏の笑顔の原点は、〝青山イズム〟にある。

森口氏は18歳で「洋服の青山」で知られる紳士服チェーンの青山商事に入社した。入社1年目は販売員としては典型的なダメ社員だったが、転勤を機に自分を変えようと決意。「笑顔を意識してつくるようにしたら売れるようになった」というが、その後、年間1億3000万円を売り上げて日本一のトップセールスマンになった。さらに27歳のとき、青山商事の東京進出1号店となる飯田橋店の立ち上げ店長に就任したのを機に上京するが、この店も後に売上日本一にした。

そして接客のプロとしての自信と誇りを胸に、東京という巨大なマーケットで違う業種で勝負をしたいと、93年12月に同社を退社した。

「洋服屋では、多くの人は店員に話しかけられるのはうっとうしいもの。商品を押し付けられるんじゃないか、話すと買わないといけないんじゃないかと考えてしまう。できるだけ店員を無視しよう、避けようと考えて来店するものです。そうしたお客様を振り向かせるためには、売る側が門を開いているという姿を見せる必要があります。

そのためにはまず笑顔が必要です。相手に、僕は悪い人じゃないということを見せる最初のポイントが笑顔なんです。それでも、買うのか買わないかわからないようなムスッとした40代、50代のお客様を相手に、商品を売らなければならない世界にいました」（森口氏）

洋服の販売とは違い、飲食店はお客が来店したら笑顔で接しなくても商品（メニュー）は売れる。森口氏が飲食業で独立したのも、そうした業種の強みに魅力を感じ、また当時の飲食店の接客レベルの低さに〝勝機〟を感じ取ったからだ。

森口氏が笑顔の接客をいかに大切にしているかは、社名の「スマイルリンクル」（笑いじわ）にも表れている。また、展開する8店舗のうち5人の店長は、森口氏が呼び寄せた青山商事時代の仲間や後輩だ。販売のプロとしてのノウハウが同社の「接客力」のベースとなっている。

こうして青山イズムから出来上がったスマイルリンクルは、07年2月に開催された「第1回外食クオリティサービス大賞」でファイナリストになるなど、業界でも高く評価されている。

「ありがとう」の場面をたくさんつくり育てる。

「ありがとう」の言葉で人は育つ。

森口氏が社員・アルバイトを教育するうえで大切にしている接客哲学だ。お客に「ありがとう」と言ってもらうことで人は育つ。そのポイントはなにか。これをずっと探っているという。

「お客様の喜びを自分の喜びに変える、この気持ちがまず前提にあります。この気持ちがないと社員もアルバイトも気持ちを込めて働くことはできません。お客様に、ありがとうと感謝されると誰でもうれしいものです。うれしいからもっとたくさんお客様に喜んでもらいたいと頑張ります。頑張ることで成長します。だから、お客様に、ありがとうと喜ばれるための仕掛けをどれだけつくってあげられるかが肝心です」

特に、新人アルバイトや笑顔をつくることが苦手な人に対しては、マニュアルや言葉で説明するよりも、積極的にそうした場面を設定するようにしているという。

例えば、スーツを着たビジネスマンのお客が、飲食している途中で上着を脱いだとする。「あっ、暑いのかな」と気付いて、黙ってエアコンの温度を下げる。これは誰にでもできること。しかし、エアコンの温度を下げる前に、わざわざお客の席まで行って、「暑いですか、いまエアコンの温度を下げますね」と言うと、お客は「ありがとう」と言ってくれる。こうした「ありがとう」がうれしいと思えるような仕掛けをたくさんつくることだという。

「このケースでダメな店長のアプローチは、『おい、あそこのお客様が上着を脱がれているぞ。エアコンの温度を下げろ』で終わります。これではアルバイトのハートを動かすことはできません。『あそこのお客様が上着を脱がれているぞ。エアコンの温度を下げますねと言って来なさい』とアルバイトに指示します。お客様に、ありがとうと言ってもらえるように場面を演出するわけです。それがアルバイトの

また来たいの本質

「ありがとう」「ありがとうございます」は、店とお客の距離を縮める。

「ごゆっくり、どうぞ」で〆める

たとえば、「お待たせしました」と料理を提供するだけでは、お客の心は動かない。提供し終わって、「ごゆっくり、どうぞ」のひと言、会釈のひと動作が入るだけでお客の心がなびく。その瞬間、接客するスタッフにもお客は注目してくれる。こうした小さなことが、お客が「ありがとう」と言ってくれやすくなるベーズづくりにもなる。

『うれしい』につながります。こうした場面を店長がいかに構築することができるか、どれだけ引き出しを持っているかということがポイントになります」

「ありがとう」の言葉で店長自身も育っていく。

エアコンの温度を下げるという結果は一緒だが、アプローチを少し変えるだけで、アルバイトの喜びにつながるかどうかに差が出てくるということだ。エアコンのスイッチを変えるだけならアルバイトのハートはなにも動かない。マニュアルどおりに行動しているだけだからだ。「ありがとう」と誰かに言ってもらって初めてハートが動く。

「これは実際にグループの店舗であった話ですが、そうするとですね、19歳のアルバイトの女性でも、お客様からありがとうと言われてイキイキと仕事をしています」

そのために森口氏が大切にしているのは「心の教育」だ。

「店長に『ジャケットを脱がれたお客様がいたら、暑いから脱いだと思いなさい』と言われた場合、アルバイトはお客様がジャケットを脱ごうとしている動作にはマニュアル的に対応できるかもしれません。しかし、逆にジャケットを着ようとしている動きに対応できません。ジャケットを脱いでも着ても、すべての動作に対応できるようにするためには、ハート（心）の部分を教育しなければいけません。やさしくならなければいけません」

そうしたことに〝気付く〟人間に育てることが大切で、マニュアル化できるレベルのものではない。朝礼の「今日のありがとう」も、やさしい気持ちを持つ心の教育の一環として行っている。

「こう考えなさい、と基本的な部分を教育する、つまり我々が木の幹をつくってあげると、アルバイトがそれぞれ自分で枝葉を生やしていくものですし、またそうあってほしいと願っています」と森口氏はいう。

店長になると、もっと「ありがとう」が増える。お客からの「ありがとう」はもちろんうれしい。もっとうれしいのはアルバイトから言われる「ありがとう」の言葉で、これが本当にうれしいもの。さらに、アルバイトが育っている過程を見ると店長は大きな喜びを感じる。その仕組みを森口氏は今つくっているところだという。

もてなしの心を養う「妄想集団」を目指す!

「飲食店は、料理が3割、接客が7割」

スマイルリンクルの接客哲学のベースとなる理念だが、飲食業だけでも、接客業(販売業)だけでもない、「飲食接客業」を基本理念としてきた。飲食業は、製造、販売、消費までの過程すべてを店舗という箱の中で、お客の目の前で行われる業種だ。それだけ働くスタッフにとっても学ぶものが多い職場だ。

しかし最近は、「我々はいまなお修行しているんだ」という精神を込めて「飲食接客道」に取って代わっている。すなわち、道には終わりはなく、現状に満足しても、悲観してもダメ。この〝道〟の精神をアルバイトから社員、役員まで意識に浸透させているところだという。

こうした接客哲学の実践の一つでおもしろいのが、イメージトレーニングだ。

「お客様に関してたくさんのことを妄想しなさい」

森口氏が店長にもアルバイトにも日々言い続けている言葉だが、お客の立場に立ち、お客の気持ちを想像することで会話にも気持ちが込められるということだ。こうしたイメージトレーニングを非常に重視しているという。

「洋服屋のような物販業はお客様が来店してから接客が始まります。しかし飲食業では、お客様が来店する前も、帰った後もお客様との出会いがあります」と森口氏は言うが、お客に関しての様々なストーリーを想像するということだ。

「このテーブルには今日はどんなお客様が座るのだろう。カップルの人ならばどんなきっかけで出会ったのだろう。どんな経緯でこの店に来られるのだろう。そういう想像をすると、入口が開いたときに〝いらっしゃいませ〟という言葉にも魂がこもる。これが飲食店におけるもてなしの気持ちです」

ここには人の気持ちがわかる人間、感動できる人間になれという意味が込められており、森口氏がスタッフによくいう「映画を見なさい」というのがその表れの一つだ。

同じ映画でも泣ける人と泣けない人がいる。泣ける人は人の気持ちが分かる、感動できる人。自分が感動するポイントもわからないのに、誰かを感動させようとい

また来たいの本質

気配りの素は「関心」。関心を持ってもらうと嬉しい。

うのはおこがましいこと。人を感動させるために何をしなければいけないかを常々考えるような人間になってほしいという。

「店長力」を高め、強いチームワークをつくる。

各店舗では、アルバイトを集めてのミーティングを月に1回行う。ここにはもちろん社員も入る。そして店長ミーティングを月に2回行っている。その他に全社員による勉強会も定期的に行っている。

ミーティングの議題はその都度違い、この1年間は「心の話」をテーマにしてきた。あたたかい心をもって生きよう。それは、スマイルリンクルという会社に属しているからではなく、これから生きていくうえで絶対に必要なものなんだというアプローチの仕方だ。

例えば、「何かの壁に当たったとき、自分が乗り越えられない身丈以上の困難などはそうは起らないものだよ」と、昔の格言なども持ち出して、スタッフの頭の中に叩き込んできた。自分にもまだまだ可能性があるんだという意識付けをこの1年間ずっと行ってきたという。

そして、今後の1年間は、あるコンサルタントに参画してもらい、飲食店における様々なデータに基づいたお客の動向を資料にしながら、飲食業界における〝テクニシャン〟、接客のプロを育てるプログラムを組んでいる。テーマには、「どんなポイントでお客様は感動してくださるか」ということもテクニックの一つとして組み込んでいる。

アルバイトが集まる月1回のミーティングのほか、各店舗では毎日ミーティングがあり、その後に朝礼を行っている。これら店舗ごとのミーティングには森口氏は参加しないが、毎日のミーティングや朝礼でも心の教育や「ありがとう」の教育を店長が中心になって行っている。

チームワークのもとは店長の力に尽きる。

どんなにアルバイトの能力が高くても、チームを取り仕切る指揮官がダメだと、伸びる可能性のあるアルバイトも伸びない。チームワークづくりに店長の力はものすごく大きい。

また来たいの本質

その店のリーダーの魅力が店そのものの魅力になる。

同社では、店長力を高めるための対策を店長ミーティングの際に日々議論している。店長といっても、10年選手の店長と、まだ数ヶ月の駆け出し店長もいる。だから、先輩店長から後輩店長へメッセージをたくさん出してあげる。また、店長は日報を毎日付けることを決まり事にしているが、その内容を同社のネット上のサイトで全員が閲覧できるようにしている。もちろんこのサイトはグループ内だけで閲覧できるようにしてある。そこに個々が気付いたことをコメントしてあげたり、社長自らコメントを書き込むこともある。このサイトはアルバイト出身の社員が構築したものだ。

面と向かって言葉に出して分かり合えることは多々ある。しかし、今の時代、弊害も多いが、ブログなどネットを通じて分かり合えることも決して少なくない。若いスタッフが中心の職場ならばなおさらのことだろう。

「自己分析表」でアルバイトの長所を知る。

「店長を楽にしてあげたい」

そのために導入しているのが「自己分析表」だ。これは、アルバイトが毎日付ける仕事における自己分析チェックシートのことで、店舗ごとに多少内容は異なるが、かなり細かい項目が並んでいる。シートには「できた」「できていない」の評価があり（「まあまあできた」という曖昧《あいまい》な評価はしない）、そこにアルバイトが○印を付けていく。

それと並行して、店長は店長で、同じような項目が記された表に月に1回、アルバイトを評価する。そして、アルバイトの自己分析表と照らし合わせて、アルバイトを評価する。

ただし、この評価は時給には反映させない。個々の評価対象にするものでもない。

店長がアルバイトの「強み」「長所」を知るための素材として役立てるのが目的だ。自己分析の結果が時給に反映されるのであれば、アルバイトは「できた」にばかり○を付けるのは目に見えている。

「結局、人の評価というのは曖昧《あいまい》です。店長に好かれているからA君は時給が上がるんだと考えがちです。大人になるにしたがってそれも能力のひとつだと割り切って頑張る人もいますが、10代後半や20代前半のアルバイトはまだまだ子供です。時給に関しても、この数字だからこうなんだよと定義づけをしてあげなければいけません」と森口氏はいう。

同社では、以前までは時給は店長評価や社長評価を基準にしていた。個々の能力と経験を判断して時給を上げるというパターンだった。しかし、やはり多店舗化を進める中で、森口氏がアルバイト全員を見られなくなり、個々のキャラクターがわからなくなってきたからだ。

それ以上に、店長の負担を少しでも軽減してあげたいと考えた。だから、店長が評価に困らない方法として取り入れた。

人材を「人財」に育てるアルバイトの時給制度。

では、アルバイトの時給はどんな数字を基準に評価するのか。

答えは単純明快で、月間の労働時間だ。シフトにたくさん入る人、たくさん働いた人の時給を高くする。アルバイトに説明するときに数値化するものとして「シフト」にしたのだ。お金がほしいのなら、とにかく店に出なさいということであり、試験的に最近はじめた試みだ。

能力があるのに嫌々シフトに入るアルバイトよりも、積極的にシフトに入ってくれるアルバイトのほうが店長にとってはありがたい、役に立つスタッフだと考えたからだ。まずはシフトにたくさん入るスタッフ、その上で会社の理念を叩き込まれ実践しているスタッフが店長にとって使いやすいスタッフとして評価される。すなわち「精鋭だけを残す」（森口氏）という狙いがある。

ただ、自己評価も店長評価も非常に高く、能力はあるのに何らかの事情であまりシフトに入れないというアルバイトも実際にはいる。

「確かにそうした人材は〝もったいない〟かもしれませんが、果たしてお店にとって必要不可欠な人材でしょうか。どんなに能力があっても店に出ないというのは、飲食店にとって必要な人材ではありません。やはりシフトにたくさん入ってくれるアルバイトのほうが飲食店には重要で、とてもありがたい人材なのです」

とにかく店に出てくれるスタッフが絶対的な存在であることは確かだ。森口氏が、「最近私が目にした資料で非常に共感を覚えた」という図表（96ページ）がある。店への「共感度」の度合いと「能力」の度合いにより、人材を4つに分類したものだ。共感度とは、店や店長に対して協力している、共感している度合のことだ。

◆店への共感度は高いが、能力が足りない人→人材

人材としてはごく普通の人。新人の多くがこれに当てはまる。店のことが大好きで、あるいは興味があって入ってくるが、最初は能力が足りない。新規出店などでスタッフの人数が必要な場合などは欠かせない人材だ。同社では、仕事はできるがシフトに入りたがらない「人罪」にシフトに入るようにアプローチするよりも、

●人材を「人財」に育てるアプローチ

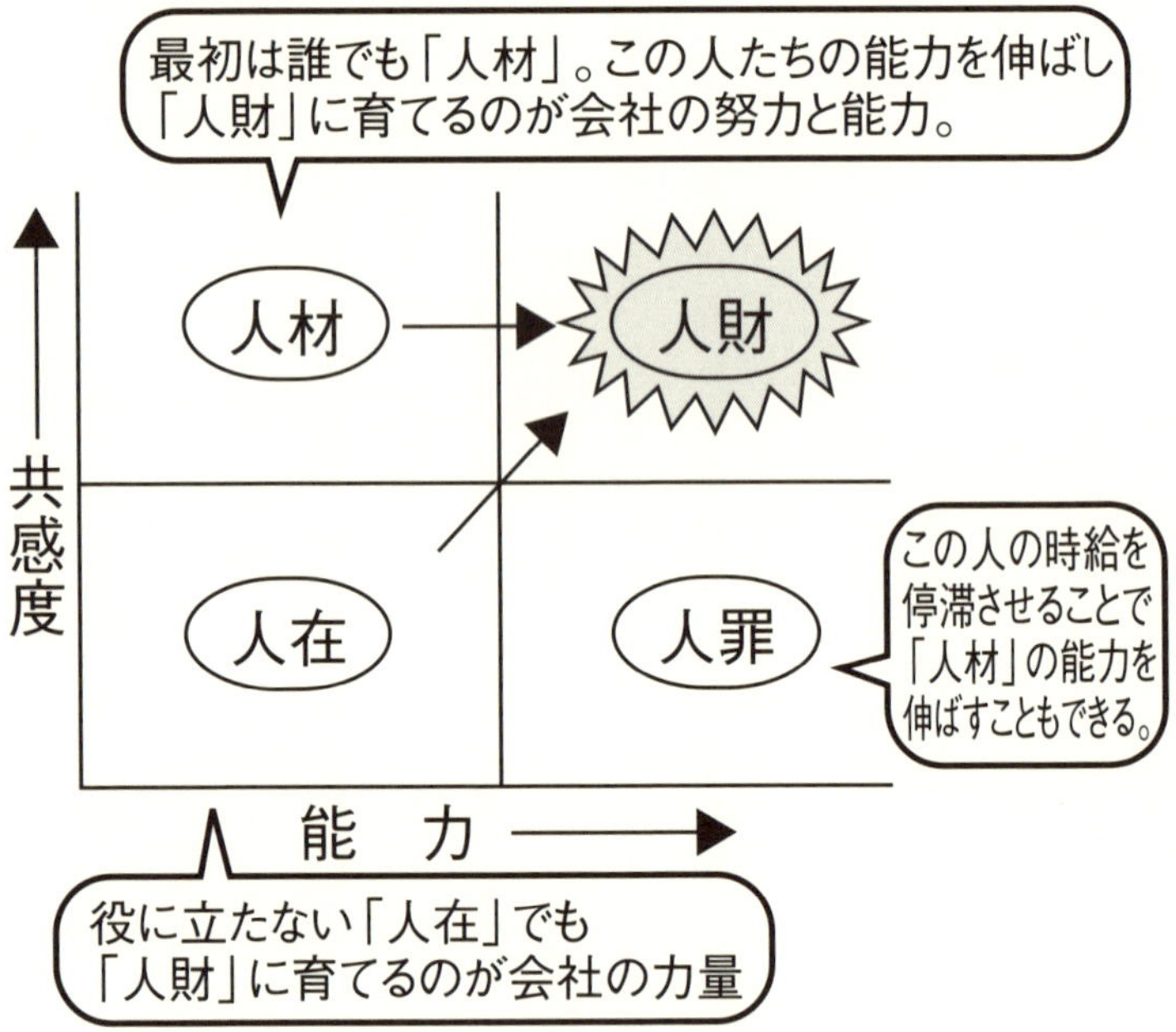

最初は誰でも「人材」。この人たちの能力を伸ばし
「人財」に育てるのが会社の努力と能力。
人材
人財
共感度
この人の時給を
停滞させることで
「人材」の能力を
伸ばすこともできる。
人在
人罪
能　力
役に立たない「人在」でも
「人財」に育てるのが会社の力量

「人材」の能力を伸ばすアプローチに力を注いでいる。

◆店への共感度が高く、能力も高い人→人財

このタイプが森口氏にとって一番欲しい人材だ。同社に限らずどこの飲食店でも同じことだろう。店長も好き、店も好き、シフトにもたくさん入ってくれる。しかも仕事もできるという、まさに店の財産となる人。「人材」を「人財」に育てるのが会社としての最初の仕事だという。

◆能力は高いが、店への共感度が低い人→人罪

仕事はできるが、シフトに入りたがらない、店に協力しない人。能力は高いが、事情があってシフトにあまり入れないアルバイトもこれに相当する。理由はなんであれ、店に協力しないことは「罪」に値する。こうした人の時給を高くすると、デートも我慢してたくさん働いてくれるような「人材」から不平不満が出て、悪影響を及ぼすという。能力は少々足りなくとも「人材」の時給を上げて、「人罪」の時給を停滞させることによって、「人材」の能力が伸びる可能性があるという。

◆店への共感度が低く、能力も低い人→人在

森口氏が「このタイプが最も罪」だと考える人材。要するに給料欲しさにただ店にいるだけの人。『釣りバカ日誌』の浜ちゃんもこのタイプだろうが、役に立たな

い「財」の部分が彼にはある。現実問題として、多くの飲食店ではこのタイプが集いやすい。同社では、このタイプは基本的に採用しない方針だが、このタイプでも「人財」に育てるノウハウをいま構築中だという。

MAKSチームが組織力を底上げする！

同社の飲食接客道は、お客にとって「また行きたい店」になることを目的にしている。その目的を実践するチームがMAKSチームだ。

MAKS（マクス）とは、「また来ていただくシステム」のことで、次期店長候補の社員の中から選抜したメンバーで組織する。要するに、リピーター拡大のための販促などの仕掛けを考案するチームのこと。

07年2月に各店の店長候補5人で組織した第一次メンバーは、お礼のメールや手紙、裏にクーポンをつけた独自の名刺、あるいは500円の自社商品券など作成し、それなりの販促効果を得た。現在の第二次メンバーは3人で組織する。20代前半が2人、30代1人の3人で、全員男性だ。二次メンバーは、いまユニークなサンキューレターを制作中だという。

ＭＡＫＳチームは定期的に入れ替えを行う。第一次メンバーはこんな功績を残した、二次メンバーはこんなものを作ったと、前任チームの実績が次期チームのモチベーションを高める。今後はメンバーの中にアルバイトを入れることも検討している。アルバイトの意見が採用され、形になればそのアルバイトのやりがいにつながることは確実だ。

同社では、従来は社長が決めたことを店長に伝え、店長が各店でスタッフに伝えて実践するというトップダウン型の指示系統だった。しかし、「まったく別のポイントから挙がってきた議題に関して、社長も店長も含めてみんなが守らなければいけない仕組みをつくりたかった。そうすることで、次期店長候補の層が強くなり、店長も危機感を持って気を引き締めて仕事に取り組むだろうと考えた」と森口氏は言う。

社長、店長に次ぐ位置にいる社員が伸びることで組織力を底上げし、一般社員やアルバイトも「ついていかなければ」と気を引き締めてもらう。中間管理職的な真

また来たいの本質

接客力を組織力にできる店はファンを増やしていける。

ん中の層を伸ばすことによって、会社全体を伸ばすことができるという狙いがある。

ただ、今後はお金をかけずに高い効果を得られる販促も必要だと森口氏は考えている。

「例えば、お客様がお帰りの際に、この言葉をひと声かけましょう。そうすればまた来てもらえるといった提案です。そして決めたことを全店で共有する。すでに案はありますが、内緒です。

また、青山商事時代も含めて私がかつて行っていたことですが、お客様がお帰りの際に、『ありがとうございました』の言葉とともにそっと背中に手を添えます。それだけでお客様とつながるときもあります。もちろん女性には失礼にあたるので、特に中高年の男性には、こうした〝スキンシップ〟も相手の懐に入るためには大切なテクニックの一つです」

背中を意識した接客で、店の印象を高める！

前述した、お客が退店するときにかけるひと言は、「店外満足度」にもつながる。お客が来店する前と退店した後にもお客に満足感を与える工夫をする。お客の印象に残るような工夫をすることだ。

例えば同社では、お客が退店するとき、店の外で頭を下げてお客様を見送るなど入退店でのお客の対応にも配慮している。ただ、これはいまでは多くの飲食店でも行っている。

「小さなお好み焼き店で実行していた創業当初は、お客様にたいへん感動していただけました。でも、いまはあまり感動していただけないことも多い。だから、さらにその上をいく感動を与えなければいけません。これはむしろ、頭を下げてお見送りしている姿を店内にいるお客様に店の姿勢としてアピールすることにつながるのです。目の前のお客様だけを相手にしていても働く側も面白みに欠けます。〝自分の背中を意識して接客しろ〟と常々スタッフには伝えています」（森口氏）

店外満足度を高めることが、店内満足度を高めることにもつながる。もちろん、店内においても、お客への接客の姿勢が他のお客の印象を高めることにもなる。

接客とは視点は異なるが、メニューづくりにおいても店外満足度を意識した商品開発を行っている。メニューそのものが販促効果を持つような商品をつくるということだ。

「店外で思い出したり、誰かにクチコミしたくなるような〝ワード〟を散りばめたりたりもします。『おいしかったよ』という言葉は、『あっ、そうなの』で終わってしまう場合もあり、埋もれてしまうクチコミです。そこにもう一つワードを加えて、『辛いけどおいしいよ』と言われると、『えっ、どんな料理なの』と聞きたくなり、印象にも残ります。

例えばグループ店舗に『ホルモンバー東京』という店が2店ありますが、この店は店名自体が興味をそそるようで、クチコミしてもらえます。メニューにある豆乳の入った『美肌もつ鍋』というネーミングもクチコミしてもらえます。戦略として、こうした短いワードを散りばめるようにしています。もちろん、ベースとして料理

また来たいの本質

店の外まで好印象が続くからまた来たくなる。

が『おいしい』ことが絶対条件ですが」

だから、同社ではクチコミしやすいメニューづくりを常々考えている。店を出てからも余韻が残り、潜在意識の中からもう1回引っ張り出しもらい、クチコミしてもらう。それが結局は、店内での満足感が店外満足度にもつながるということだ。

「笑顔」をアルバイトの採用ポイントに。

「来るものは拒まず」

これが同社のアルバイトの基本的な採用姿勢だ。森口氏は言う。

「そもそも飲食業界は、こちらが選ぶというスタンスは現実問題として難しい面があります。来るものは拒まずという姿勢で構え、どんな素材であっても磨くことはできるという気持ちでいないと人材が集まりにくいものです。だから、現状では、どんな人材を採用するかではなく、〝どう育てるか〟に重点を置いています。ただ、将来的にはこちらが選ぶということも考えています」

同社では、アルバイトの募集に関して、基本的にはアルバイト情報誌などの広告は出さないようにしている。新規出店の際に募集をするときもあるが、いま働いているアルバイトの紹介で入ってくる人が多い。紹介のほかに、店頭募集も効果があるようだ。店頭の張り紙を見てからなので、ある程度は店のことを知ったうえで応募してくる人は、情報誌やホームページを見て応募してくる人に比べて後々の持続の仕方が違うという。

「こういう素材が欲しい」と求める素材の良し悪し、向き不向きはあまり重要視していないが、採用の一番のポイントにしているのはやはり「笑顔」だ。笑顔をつくれない人は採用しにくいという。ただし、「面接というのは、その人のキャラクターの数パーセントしか出せていません。奥に秘めている可能性があるかもしれないと考え、採用することは多々あります。毎日行っている朝礼もそうですが、どんな素材でも磨けば必ず光るというのが私の信念です」（森口氏）

ちなみに、同社が正社員・アルバイトと交わす雇用契約書がユニークなので紹介しておこう。

この契約書は、森口氏の知人で、社会保険労務士の黒部得善氏の協力得て作成したもので、若い人が親しみやすい内容になっている。事務的な事項やハウスルール、経営理念、給与形態の仕組みなど、一般的に難しく書いてある契約書の意味を、「契約書ナビ」と題してわかりやすく解説している。カラーのグラフデータを入れて給与形態を解説したり、森口氏の顔写真を入れるなど、読みたくなるような紙面構成を特徴にしている。

ピュアな若者を戦力として育てあげる。

10代後半、20代前半の若者はみな「ピュア」だと森口氏は実感として得ている。同社の経営理念を叩き込み、スタッフとして戦力化することはそれほど難しいことではないと確信を持っている。

「私が店長時代から感じていたことですが、アルバイトの人で演劇をやっている人はハングリーですよね。お客様が喜んでくれることにやりがいを感じ、給料のことはほとんど考えていない。コツコツとアルバイトをして演劇が本業になっていて。でも、演劇をやっている人たちは、うちの店でアルバイトをしている若い人たちと年齢はほとんど変わらない。そうであるならば、うちのアルバイトの人たちも、本質的には、そうした精神で働いてくれる可能性があると考えました」

無償の愛ではないが、「目の前でお客様が喜ぶことを僕は感動することができる」「お客様にありがとうと言ってもらえるとうれしいよね」という意識付けを徹底的にアルバイトの人に行ってきた。そうすると、どんなにやんちゃな若い人でも、「うれしい」と言ってくれたという。

「誰かに喜んでもらうことを自分の喜びに変えられるというのは、人間誰しも持っている心です。プレゼント産業が衰退しないのもそのためでしょうね。飲食業は、給料をもらいながら、お金以上の喜びがあるのだという教育をこれまでずっと行ってきました。これが接客の基本になるからです。この意識がなければ質の高い飲食店はつくれません。アルバイトとして働く彼らが、自分が将来30歳、40歳になり、家庭を持つようになってもここでの経験が将来必ず役立つということを、僕が生きているなかでアルバイトの人たちに示していきたい」

実際、森口氏は、本来、若者こそ育てやすいものだと感じている。部活動で一生

また来たいの本質

接客という仕事に喜びを感じる人の接客に勝るものはない。

懸命に頑張り、汗を流し、涙して、「無償で汗を流した人たち」だからだ。それに近い年代だから、仕事でも汗して、涙して、ということができないわけがない。若いからこそできるんだという意識に立っている。

働く意識の高さから、接客力に輝きを持たせる

株式会社KUURAKU GROUP（株くふ楽）

アルバイトがイキイキと活躍する。

一つの店が一丸となって、まさにチーム力でもてなし、お客様の満足度を高めていくのが㈱KUURAKU GROUPだ。アルバイトの人たちも、チームのメンバーとして、チームの目標、チームとしての決意、チームとしての工夫を掲げて働いている。そこを応援できる職場の制度も用意した。

● 株式会社KUURAKU GROUPの店舗展開（2007年9月現在）

銀座くふ楽総本店
2007年6月開業　48坪・70席
千葉県千葉市美浜区ひび野1－6パルプラザ内
電話 043-213-3161

豚の大地　新宿店
2006年11月開業　33坪・68席
東京都新宿区3－9－5ゴールドビル2階
電話 03-3351-9929

ざっ串4TH店
2006年8月開業　14坪・25席
1833 West 4th Ave, Vancouver, BC, V6J1M4
電話 604-730-9844

元屋　葛西店
2005年9月開業　16坪・40席
東京都江戸川区東葛西6－5－18葛西駅前ビル101
電話 03-5679-3766

豚の大地　GINZA離店
2005年3月開業　33坪・68席
東京都中央区銀座6丁目2番先コリドー街
GINZAはなれ地下1階
電話 03-6274-5533

ざっ串DENMAN店
2004年8月開業　30坪・48席
823 Denman Street, Vancouver, BC V6G2l7
電話 604-685-1136

元屋　新松戸店
2003年12月開業　20坪・55席
千葉県松戸市新松戸2－21大川コーポ101
電話 047-349-6166

豚の大地　上野店
2004年6月開業　31坪・70席
東京都台東区上野4－8－6上野プラザビル4階
電話 03-5812-7272

元屋　北千住店
2003年12月開業　14坪・35席
東京都足立区千住旭町40－26大熊ビル1階
電話 03-5813-0400

くふ楽　銀座1丁目店
2003年5月開業　35坪・72席
東京都中央区銀座1－6－1東貨ビル地下1階
電話 03-3538-6226

くふ楽　西船橋店
2002年10月開業　13坪・30席
千葉県船橋市西船4－24－10福田ビル1階
電話 047-495-1029

福みみ　柏店
2002年10月開業　30坪・70席
千葉県柏市柏3－6－15ATSビル2階･3階
電話 04-7165-0297

福みみ　千葉店
2001年10月開業　25坪・59席
千葉県千葉市中央区富士見2－7－15
電話043-222-1129

福みみ　渋谷店
2001年5月開業　15坪・36席
東京都渋谷区道玄坂2－25－17小島ビル地下1階
電話 03-3461-2911

福みみ　銀座5丁目店
2000年8月開業　25坪・60席
東京都中央区銀座5－10－9銀座YKビル地下1階
電話 03-3289-2933

心やくふ楽　船橋店
1999年11月開業　20坪・46席
千葉県船橋市本町4－4－29
電話 047-426-6777

くふ楽　本八幡店
1999年4月開業　23坪・60席
千葉県市川市八幡2－13－7
電話 047-333-6232

CENTENARIA
2007年7月開業　90坪・70席

いまどきの若者が本気で涙する強い組織を創造。

千葉県某所のイベントホール。ほぼ満員の観客が客席を埋め尽くす。

広いステージの上に、スポットライトを浴びて整列する若者たち。スタッフ全員がスーツ姿でビシッとキメて登場するチーム、店舗のユニフォーム姿で登場するチーム……。

㈱くふ楽（平成19年9月より株式会社KUURAKU GROUPに社名変更）の恒例行事「チャレンジシップ・アワーズ」が始まった。年に2回行われるアルバイトによる店舗経営改善活動の発表会。この日のために、寝る間を惜しんで1ヶ月間頑張ってきたチーム。お客のために本気で取り組み、朝まで店のことを語り合ったチーム。涙を流してまで共に働く仲間と本気で向かい合ってきたチーム。

「それでは、はじめに『チーム加藤　くふ楽銀座店』のみなさまです」

司会者に促されて店のスタッフが登場すると、演劇のように熱く、緊迫感のある〝名シーン〟が次々と繰り広げられる。

あるチームは、一人一人が順番に、一つの思いを声高に主張する。

「自分たちの店なんだから」

「誰かがやってくれるわけじゃない」

「自分たちがやらなければ」

「悩んでいても始まらない」

絶叫する男性アルバイト、本気で涙しながら声を振り絞って主張する女性アルバイト。そして最後は全員で声を揃えて絶叫する。

「私たちは、できる！」

またあるチームは、店長交代で店を卒業した、観客席に座る前任店長に向けて、数人の女性スタッフが涙を流しながら叫ぶ。

「チームとは何かを教えてくれて、キャプテンありがとうございました！」

「最高のおもてなしと感動の創出に全力を尽くします！」

まさに演劇の舞台を見ているような圧倒されるシーンが次々と展開する。このチャレンジシップ・アワーズが、いま飲食業界で話題を集める「居酒屋甲子園」のモデルとなったイベントだ。

この大会は、同社が展開する全店舗の中から、会社で決められた指標をクリアした優秀な店舗が選抜され、アルバイトメンバーが壇上に立ち、自分たちがどんな取り組みをして、どんな成果が出たかを発表するものだ。お客に対する熱い思い、仲間に対する感謝、店に対する愛情などを時には涙を流しながらメンバーが一丸となって発表をするチームも珍しくない。最後は来場者の投票によって最優秀店舗が選ばれる。

各店のアルバイトメンバーは、このアワーズという目標となる大きな舞台があるため、普段からの意識や働き方がまったく違う。大会で優勝するとチームの空気もいちだんと引き締まり、自分たちの接客にも自信がつく。グループのほかの店舗や他企業からもモデルにされるため、より誇りとプロ意識を持って働くようになる。

スタッフの働く意識の高さ、チームワークが、KUURAKU GROUPの強い組織力の源になっている。

強い「チーム力」が接客力を支えている！

㈱くふ楽は、1999年創業。幕張に本部を置き、串焼きをメインに『くふ楽』『福みみ』『元屋』に加え、豚肉料理と沖縄料理の『豚の大地』の4つの業態を展開。今年6月27日には本部のすぐ近くに『銀座くふ楽　総本店』をオープンし、現在千葉県内と都心を中心に16店舗、カナダに2店舗を展開する。このほか店舗プロデュースなども手がけている。

同社の経営を、接客力を支えているのは「チーム力」に尽きる。チームプレーをいかに養うかに徹底し、ユニークなアイデアとシステム化した教育プログラムにより、質の高い社員・アルバイトの育成を実現している。

KUURAKU GROUPでは、店舗を「チーム」、店長を「キャプテン」、アルバイトを「メンバー」と社内的にネーミングをしている。

冒頭のチャレンジシップ・アワーズでも登場した「チーム加藤　くふ楽銀座店」というのが社内的なネーミングだ。加藤店長の店だからチーム加藤。店長が吉田さんに交代すればチーム吉田にネーミングも替わる。そうすることで、店長がチームの柱だという自覚を強く持たせる。

店長を「キャプテン」、アルバイトを「メンバー」とネーミングすることで、店舗は一つのチーム、そこで働くスタッフはチームのメンバーという一体感を生み出す。チームといえば多くの人はスポーツを連想する。だからキャプテンである店長は、サッカー日本代表でお馴染みのキャプテンマークを腕に付けている。ときには「今日は君にキャプテンを任せる」と、店長がキャプテンマークをアルバイトに預けることもある。アルバイトにより自覚を持たせるためだ。

店長はすべて社員で構成され、各店舗に1、2名の社員がいる。アルバイトメンバーが中心のチームの平均年齢は20～21歳と若い。チームワークを養うといっても、ネーミングに工夫をするだけなら「おもしろいね」と遊び感で終わりかねない。チームを強い組織として機能させるためのさらなる工夫が実に巧妙で、ユニークだ。

また来たいの本質

「より良く」を目指す、接客が向上している店をお客は選ぶ。

チームワークで接客

お客が最初の乾杯をするとき、その飲み物を運んだスタッフが「お疲れ様でした」と元気良く合いの手を入れる。その声に反応して、カウンター内のスタッフも「お疲れ様でした」と唱和する。お客方にきちんと体を向けて笑顔で、腕も振りかざし、元気を体いっぱいで表現する。

若い人たちの団結力を育んで大成功した！

アルバイトメンバーは、A・B・Cの3つのメンバーに分類している。Cメンバーは新人、Bメンバーは中堅アルバイト、店長に次ぐナンバー2に位置するAメンバーは、仕込みから発注業務、レジ管理まで社員と同等の仕事ができるアルバイトのことで、Aメンバーのリーダーは「トレーナー」と呼ばれ、店長と同等に店の運営ができる有能な人材だ。アルバイトは経験と評価によってCメンバーからAメンバーへとステップアップしていく。

また、チームの中でもさらにいくつかのチームがあり、店舗ごとにそれぞれクオリティ班、サービス班、クレリネス班、セールスプロモーション班と細かく分けている。そして、サービス班ならば、よりお客に感動を与えられるサービスは何かを日々の仕事の中でクリエイトするなど、チャレンジシップ・アワーズのテーマである、経営改善活動に店舗内のチームごとに取り組んでいる。

さらに、チーム（店舗）であることを強く意識させ、チームとしての連帯感を高めるために、店舗単位でリーグ戦まで行っている。例えば総武線沿線店舗による「総武線リーグ」などがあり、毎日自分達が立てた目標に対して達成できれば1勝とし、月ごとに何勝何敗と勝率で競い合う。

同社では大運動会や富士山登山、就職で店を去るアルバイトの卒業式など、スタッフのためのイベントを全社的に行っているが、大運動会ではチームごとにリレー競争を行ったりもする。あるいは、月に一度行うお誕生日会では、その月に誕生日を迎えるスタッフを集めて、アルバイトも含めて全員を招待して屋形船を借り切ってパーティを行ったこともある。

大運動会など全社的なイベントを行うときは、その日一日を全店休業にして全員参加で楽しむことにしている。店の売り上げを捨ててまで実行する。その根底には、目先の売り上げを追求するよりも、働くスタッフのチームワークと人間としての成長を優先することが、結果的には企業の成長を支えるという確信があるからだ。

同社代表取締役の福原裕一さん（42歳）は、チームワークの大切さをこう説明する。

「アルバイトの人に、チームの一員だという意識を根付かせることで、働くことの喜びを感じてもらえます。それと同時に、一人一人が大切にしてもらっていると思える環境づくりを徹底して行っています。それが強い組織、企業をつくります。

おかげさまで、ほとんどのアルバイトの人が、『いままでのアルバイトとはぜんぜん違う』と言ってくれます。なかには、店を卒業して大企業に就職した人から『無給でもいいから働かせて欲しい』と言われたこともあります」

こうした「チーム」という発想には、高校時代、野球部のキャプテンとして無償の汗を流し、プロ野球選手を夢見ていた福原社長の想いも込められている。

会社の理念をアルバイトに徹底して植えつける。

同社は、多店舗化、事業拡大を進める中で、特に外食部門は、「くふ楽ができて、街が明るくなったと言われる店創り」をすることで、地域社会に貢献することを事業目的の一つに掲げている。
福原社長は、会社としての経営理念を3つ挙げた。

◆「お客様と感動を分かち合おう」
自分の喜びよりも、目の前にいるお客様にいかに喜んでもらえるかを考え、それを自分の喜びにかえる。人に喜びを与えたいと思う心は、飲食業である前に、人として生きるうえで大切な要素。これを飲食業で学ぶことができる。

◆「与えられるのではなく、自分自身で考え率先して行動しよう」
人として生きていくうえで、自らの力で切り開いていく力を身につけること。現場では人に教えてもらうこともたくさんあるが、人に与えられるのを待っているのではなく、自分で考えて、行動すること。

若い人たちをアルバイトとして預かるということは、企業として大きな使命を持っている。若い人が就職する前の、社会に出る前の段階で社会につながるのはアルバイトだ。そこでいかに仕事に対する考え方、人生の生き方などを伝えられるかどうかが企業の使命。いかに若い人たちの成長を支えられるかが重要だ。
「店に出ても、いつもボーとしているアルバイトがいるとします。それに対して何も注意をせずに接した場合、彼がそのままの気持ちで企業に就職し、与えられないから仕事をしないでは済まされません。その人自身が損をすることになります。与えられなくても、自分自身で仕事を見つけて行動していくということをぜひ身につけてほしい」（福原社長）

◆「夢や目標に向かって全力で努力しよう」

夢や目標があれば、生きていくうえで喜びにもつながる。目指すものがあれば全力で行動することができる。あきらめてしまったら目標にはたどり着けない。店としての目標でも、店で働くうえでの個人の目標でもいい、目標を持ち、全力でトライすること。

「アルバイトの人には、人間としてどうあるべきか、どうやって進んでいくべきかということを伝えていきたい」というのが福原社長の想いだ。

この3つの理念を掲げて経営展開をしているが、やはりそこは若い人たちの集団だ。そんなに簡単には経営者の理念は伝わらないものだと福原氏は苦笑いする。

「年に4回、全店休業にしてアルバイトの人たちのためのイベントを行います。大運動会、卒業式、年に2回のチャレンジシップ・アワーズ。ですが、こうした場面でも、自分さえ楽しければいい、自分がおもしろおかしく楽しめればいいという人がかつては多かった。服装の乱れはもちろん、不適切な場所での喫煙などが非常に目立ちました。ホテルで貸切りパーティを行っても、モラルをわかっていない人が多かった。こうしたことを注意はしていたのですが、何百人にもいるアルバイトすべてに目は行き届きません。

3つの理念を掲げてはみたものの、それがなかなか伝わらなかった。そこで、〝MAP〟というものを2年前につくりましたが、それで一変しました」

「MAP」を全社員が携帯し、常に振り返る。

MAPとは、「MIND AND PRINCIPLE」を略した言葉で、同社の原理原則、行動指針を綴ったシート状のもので、名刺サイズに折りたたまれている。仕事中は、社長を含めて全社員が携帯することを義務付けている。アルバイトは名札の裏に携帯し、福原社長は手帳に入れている。MAPに常に振り返り、心のよりどころにしてもらう。自分自身の考えや行動を決めるときに役立ててもらおうというものだ。

ＭＡＰには、社会性・仲間・約束・クレーム・感謝・改善・おもてなしの７つのセンテンスが盛り込まれている。会社としての行動規範を示している。

例えば、最初に出てくる「社会性」にはこう記してある。

「世界の人々に感動していただくため、自分自身を成長させます。社会の一員としてモラルを守り、ＫＵＵＲＡＫＵの一員であるという誇りを持ち行動します」

４つめの「クレーム」では、

「ひとつのクレームは、すべてのお客様からのご意見と受け止め、感謝し、誠心誠意対応します」

最後の７つめの「おもてなし」は、外食事業部の行動指針でもあり、以下のような７つの指針が記してある。

「お客様に出逢えた喜びを、お出迎えで表現します」
「良いおもてなしをするために、すべての準備を完璧にします」
「気持ちの良いご挨拶をして、ご案内します」
「笑顔はお客様の心を開く魔法の鍵です。いつも笑顔を心がけましょう」
「プロの誇りを懸け、日々美味しさを追求します」

また来たいの本質

チームとして同じ志で働く姿は、お客からの信頼を得る。

「心地よさを提供することは、私たちの最大の使命です。感性を研ぎ澄まし、すみずみまで心配りをしましょう」

「すべてのおもてなしの想いをお見送りで捧げます」

　こうして理念や行動指針をきちんと目に見える形にしたが、常に携帯させるというだけではただの紙に終わってしまいかねない。そこで、朝礼でＭＡＰに記載した一つずつの項目をテーマとして取り上げるなど、しっかりと意識付けをさせるために日々働きかけている。

　また、同社では社内だけのイントラネット（企業内ネットワーク）を利用した、くふ楽アイズ「ナレッジ・マネージメントシステム」を構築し、アルバイト全員にメールアドレスを持ってもらい、売上高や成功体験、メニューレシピなど様々な会社の情報を閲覧できるようにしている。この中に載せている店舗日報でもＭＡＰに関する話を盛り込んでいる。ちなみにこの店舗日報は、通常は店長が書くことになっているが、アルバイトに書かせて自覚を持たせることもあるという。

　このように、あの手この手でＭＡＰに対する振り返りのシーンを徹底してアプローチすることで、社会性はもちろん、人としての「変化」がアルバイトの人たちに見られてきたという。

アルバイトを戦力化する教育プログラムを。

「お客様が来店されたとき、〝うれしい〟と感じること」

全店舗の従業員教育などを統括する感動プロモーション本部のリーダーである櫛田崇さんは、接客のポイントはこのことに尽きるという。

お客が来店してうれしいと思えば、自分の大切な人として、お客をもてなすことができるようになる。うれしいという自分の喜びを笑顔と言葉で表現する。そして、「毎日がグランドオープン」だという意識を持って働くこと。このことを朝礼などを通してアルバイトメンバーに伝えている。

「今日は何人のお客様に感動を与えられるか、という目標設定を朝礼の際、アルバイトそれぞれに行ってもらいます。そして一日の仕事が終わると、今日は何人のお客様に感動を与えたかを振り返ってもらいます」

同社のこうした意識付けの教育は、アルバイトの面接の段階ですでに始まっている。

従業員の採用は、社員もアルバイトも採用の基準や流れは基本的にはあまり変わらないが、アルバイトの募集は店舗ごとに行っている。アルバイトは各店の店長（キャプテン）が面接を行う。

面接にあたっては、「数ある飲食店の中から当店を選んでもらったことに感謝します」というスタンスで望む。応募してきた人たちには夢や目標を持っているかどうかを必ず確認することにしているが、夢や目標は必ずしも明確である必要はない。店で働いていく中で見つけてくれればいいという。

面接にはたっぷりと1時間はかける。どんな店にしていきたいのか、お客に対してどんなもてなしをしていきたいのか、お客にこんな感動を伝えて生きたいといった店の想いを店長が説明する。こうした店の方針や想いを応募してきた人がどのように感じ取ったかをヒアリングしたうえで、お互いの考えが一致すれば基本的には採用する。したがって、店の想いに共感してくれるかどうかを採用の一番のポイントにしている。単に給料欲しさの気軽な気持ちで応募してくるようなタイプは気が引けるのか、この段階で辞退するケースもある。

●KUURAKU GROUPの人財育成プログラムの主な取り組み

1．MVP表彰制度

毎月全社員の中からMVPを選出し、賞金と社内報に記事を掲載して功績を称える制度。このほか、アルバイトメンバーMVP、料理MVP、笑顔賞などMVPを設け、毎月全受賞者に賞金を授与。

2．リーダー（Reader）制度

全社員に対し、月に1万円分の書籍代を会社で負担する制度。読む（Read）人はリーダーになれるが､「学ぶ」ことに対して積極的になってもらうことを目的にしたもの。

3．くふ楽カレッジ制度

社員・アルバイト向けのキャリアアップ研修制度。社員を対象にした「くふ楽ドリーム・カレッジ（KDC）」、アルバイトメンバーを対象にした「くふ楽ホスピタリティ・カレッジ（KHC）」がある。KHCはスタートアップ・ベーシック・アドバイスの3ステップに分けて定期的に実施し、アルバイトメンバー同士の交流を深めるとともに、グループワークを中心にしたカリキュラムを行うことで自主性を育てる。

4．チャレンジシップ・アワーズ

アルバイトメンバーによる店舗経営改善活動の発表会。年に2回、全店休業して実施する。全店から選抜された優秀店舗のアルバイトメンバーが自分たちの取り組みと成果を発表する同社の一大イベント。

5．ステップアップガイド

アルバイト教育のための日々の確認ツール。店長とアルバイトがミーティングをしながら作業のチェック項目を確認し、アルバイトの進歩を確認していくもの。

6．くふ楽アイズ（ナレッジ・マネジメントシステム）

各店舗と本部をネットでつなぎ、パソコン上で経営情報をリアルタイムに共有できる企業内ネットワーク。日次決算や社長のメッセージのほか、店舗日報、料理レシピ、スタッフの掲示板など現場の情報を共有する。

7．ドリーム・フランチャイズ・システム

2003年に開業した『生つくね　元屋』の暖簾分けによる社員スタッフの独立支援制度。

おもしろいのは面接の際にDVDに収録したムービーを応募者に見せること。どんな店で、どんな流れで仕事をするのかを実際に見せることで、新人として入店する際の不安を取り除いてあげるためだ。仕事の大まかな流れを前もって把握できるため、入店初日から右往左往することはあまりないようだ。

入店前の研修が「人財」育成の第一歩。

同社では、「KUURAKUホスピタリティ・カレッジ」という教育制度を元にアルバイトを育てていく。このプログラムにもとづいて、社員やアルバイトが面接で採用されてから入店するまでの間に、オリエンテーションとステップアップ研修を行っている。

面接で採用されたら、店で働く前にまず本部でオリエンテーションを受けなければならない。オリエンテーションでは、MAP（122ページ）にもとづいた話と、会社の経営理念を確認してもらう。その後、現場で生きるようなより実践的なことを教えていくスタートアップ研修（2時間）を受けてもらう。

アルバイトのスタートアップ研修は、社会に出ても通用する「人財」の育成、仕事を通じて人間性を高めるきっかけをつくることを目的にしている。カリキュラムでは、実際の現場に即した、自ら考えるシーンを多くつくるのが特徴だ。

こうして新人アルバイトは、自信を持って活躍できるようになる。

「HAPPY & THANKS」でチームを活性化！

朝礼でアルバイトが激変する。

最近の繁盛店といわれる飲食店、とりわけ多店舗展開している店では、営業前の「朝礼」に力を入れている店が多い。学生から接客のプロへ、営業前のスイッチを入れ替えるための朝礼は有効的な手段の一つだ。しかも単なる業務連絡の確認の場ではなく、スタッフのモチベーションを高めるユニークな朝礼を実践しているのが最近の特徴だ。

そうしたユニークな朝礼の先駆けといえるのが同社で行っている朝礼だ。同社では、社員・アルバイト、部署を問わず「HAPPY & THANKS」を大きなテーマにして朝礼に取り組んでいる。

これは、24時間以内にあった楽しい出来事（HAPPY）と、誰かに感謝したい出来事（THANKS）を全員が一人ずつ発表するというもの。店長からアルバイトまで、入店初日のアルバイトも朝礼に参加して発表する。

例えば、アルバイトの鈴木君が発表する。

「僕の今日のハッピーは、昨日の班ミーティングのときに、先週入店したばかりの田中さんが、誰も思いつかなかったようなアイデアを出してくれた事です。田中さんがサービス班に加わってくれて本当に良かったです。

サンクスは吉田さんです。昨日お客様にクレームを言われたときに、ピークタイムで忙しいにも関わらず、一緒にお客様に謝罪して僕をフォローしてくれました。本当にありがとうございます」

HAPPY&THANKSの朝礼

楽しい出来事＝HAPPYと、感謝したい出来事＝THANKSを朝礼で一人一人発表する。コミュニケーションの量を増やし、質を高める効果が現れている。

ハッピーもサンクスも基本的には業務上の出来事を発表することにしているが、24時間以内と限定しているのでプライベートな出来事の発表もよしとしている。

感動プロモーション本部の櫛田取締役はいう。

「入社したてのアルバイトの人でも初日からちゃんと発表してくれます。誰にでも楽しいこと、うれしいことはたくさんあるということがその場を通じてわかります。お客様に対してもその想いを伝えたいと思いますし。すごくプラスになります。人とのコミュニケーションが苦手だった人でも本当に驚くほど変わります。コミュニケーションをとりたくなるような場面をつくってあげれば、話すことが苦手な人でもできるようになるのだと思います」

さらに、

「面接のときは物怖じして、うまく話せなかった女性がいます。彼女は入店して1週間後に『辞めたい』と言ってきました。そのときはなんとか励まして、続けさせましたが、この女性がいまでは社内イベントで司会を務めるまでに一変しました。イベントのリーダーをやりたいと自分から立候補するような積極的な人間に変わりました。

また、入店当初は相手の目を見て話せなかったある男性アルバイトが、いまではアルバイトのリーダーとして先頭に立って頑張っています」

同社のアルバイトの多くは、店で働き初めて自分は変わったと実感しているという。入店したての頃はぎこちない笑顔だった人や笑うことができなかった人でも、人の笑顔に貢献することが自分にとっての最高の喜びに変わっていくという。

この「ＨＡＰＰＹ＆ＴＨＡＮＫＳ」を朝礼で始めた目的は何か。

「スタッフ間のコミュニケーションを増やし、チームの活性化させる目的で始めました。コミュニケーションの量と質を増やすことが重要です。例えば、『昨日どこに行ったの』という会話は話すことが苦手な人でも誰にでも簡単にできるコミュニケーションです。でも、これは決して質の高いコミュニケーションではありません。

組織の活性化のために、当初は〝Ｇｏｏｄ ａｎｄ Ｎｅｗ〟をテーマにして朝礼に取り組んでいました。ただ、この方法だと、楽しい出来事、うれしい出来事、新しく発見した出来事を発表することになります。いままでいえば〝ＨＡＰＰＹ〟の部分だけです。チームをもっと活性化させるためには何かが足りないと考えました。そこで、人として、誰かに言われて一番うれしい『ありがとう』を言うようにしようと考えました。一人一人が感謝の気持ちをもち、チームに感謝の気持ちがあふれることで、より人間関係が密になり、よりチームが活性化されると考えました」

また来たいの本質

スタッフのコミュニケーションの良い店はお客にとっても居心地がいい。

「認めること」で質の高いスタッフを育てる。

「人は認めることで伸びる」

櫛田取締役があるスタッフの教育で信条にしている言葉だ。チームの活性化のために、アルバイトを育てるために、教育していくうえで一番大切にしていることは「承認」することだという。

仕事の中で、アルバイトにどんどん教えることは必要だが、認められて、「うれしい」と本人が心から感じなければ、自発的に行動をすることはできない。感じてもらうためには、感じることができる「環境」をつくることも教え方のテクニック。

例えば、新人アルバイトならば、初日から入り口に立ってもらう。入り口付近に立っていると、スタッフの誰よりもお客から「ありがとう」と一番多く言ってもらえる。入り口に立ってお客を出迎え、お客が退店するときも必ず入り口に立ち、お客から「ありがとう」の言葉をかけてもらう。そうすることで「うれしい」と思える場面をつくってあげる。

また、新人アルバイトは入店したての頃は無我夢中だ。どんな作業をしてもなかなか頭の中に入ってこない。次は何をやればいいのかがわからない。先輩スタッフがああだこうだとたくさん教えても作業に集中していて耳に入らない。だから、ただ教えるだけでなく、一つ一つの作業をしたことに対して、認めてあげることが重要だ。

例えば、ドリンクをお客に持っていったときに、お客から「ありがとう」と言われ、感謝をされているのに本人は気付いていない（実感していない）。そこで、店長が「ドリンクを持っていってお客様はなんて言ってた」とアルバイトに尋ねる。アルバイトが、「ありがとうと言ってました」というと、「ね、そうでしょ。お客様は感謝してくれたでしょう」と、感謝されているということに気付かせてあげる。行動一つ一つを認めてあげるというパターンだ。

「お客様に『ありがとう』と言われても、無我夢中で仕事をしていると何も感じないものです。『ありがとうと言われることはスゴイことなんだよ』と気付かせてあげ、『うれしい』という気持ちを育ててあげなければいけません」

また来たいの本質

感謝の気持ちは伝わる。ここを理解できている店が繁盛する。

こうしたことを積み重ねているとマニュアルが必要でなくなってくる。マニュアルをつくったとしても、感謝の気持ちが前提としてあれば、それが最低限の接客をするためのマニュアルではなく、お客がどうすれば喜ぶのかを考えるためのツールとしてマニュアルも生きてくる。

「灰皿はタバコが3本たまったら取り替えましょう」というマニュアルがあったとしても、「何のために」取り替えるのかと、アルバイトは考えられるようになる。

アルバイトを認めるための「ステップアップガイド」

アルバイト教育の一つのツールにしているのが「ステップアップガイド」だ。

ステップアップガイドは、人事昇給の際のスッテップアップの確認作業のことで、アルバイトの進歩を確認するツール。キャプテンとアルバイトメンバーがミーティングをしながらシートをチェックして進歩を確認する。

シートは、作業ごとに細かく項目分けされており、一つ一つの作業ができていたか、できていなかったかを確認するもの。アルバイトがセルフチェックをして、それを営業終了後に店長が承認していくという流れだ。アルバイトが自分ではこれができていたと思うことを、店長がチェックして、本当にできていたと思えば項目ごとに承認してあげる。

例えば、研修メンバーのシートの項目は、社会性・仲間・クレーム・感謝・改善などに大きく分類され、それぞれの項目に細かいチェック項目がある。

「感謝」の項目なら、

・クレームに感謝することができる

・『お疲れさまです』ではなく『有難うございます』ということができる

・『すみません』ではなく『有難うございます』ということができる

「改善」なら、

・わからないことに関して積極的に質問することができる

・仲間に指導してもらったことを素直に改善できる

こうしたセルフチェックの際、「有難うございます」が言えたかどうかは研修メンバーでも自覚できるが、感謝することができたかどうかなど「心」の部分はピンとこない人もいる。それはそれでいい。できたかどうかを確認するだけではなく、こうした細かい項目に目を通し確認をすることで、会社の方針や基準としている事柄をきちんと理解させることはできる。

「このステップアップガイドの目的は、アルバイトのスキルアップではなく、アルバイトが承認される場面をつくることにあります。だからステップアップガイドは時給には反映されません」と櫛田取締役はいう。

基本的には、アルバイトメンバーとして覚えなくてはいけない基準を明確にすること、ツールを使用することで目標を明確にし、達成感を感じることなどを目的としているが、それ以上に、店長に認めてもらうという体験をさせてあげることを一番の目的にしている。

認めてもらうことで仲間の一員になったことを実感し、「自分のことをちゃんと見ていてくれている」という安心感にもつながる。人に認められることで、モチベーションが高まり、戦力として育っていくという狙いだ。

このステップアップガイドにより、アルバイトはCメンバーからBメンバーへ、BメンバーからAメンバーへとステップアップしていく。

同社では、アルバイトとして入店してからステップアップしていく段階ごとに、

また来たいの本質

アルバイト全員のヤル気は好印象の柱になる。

様々なスキルアップの教育制度を設けている。これは多店舗展開していくなかで築き上げたものだ。

社員の戦力を底上げする教育制度を。

創業当初はマニュアル的なものはほとんどなく、社員はみな独立志向が強かった。社員のモチベーションの高さを活用しながら成長してきた。店長として、経営者として疑似体験できるチャンスの場をつくり、よりリアルな体験ができる中で学ばせようと、スタッフに対してはかなりの権限委譲をしたと福原社長はいう。

「しかし、実際にやってみると、経営マネジメントをできる人はなかなかいないものです。経営者ではないので当たり前のことかもしれませんが。彼らはなにができないかといえば、セルフコントロールができなかった。人に見られていないところでどれだけ自分に厳しくなれるかが上に立つための不可欠な素養ですが、掃除をサ

●組織を活性化させる、KUURAKU GROUPの年間イベントの取り組み

◇サンプル（2007年度版）

	主な行事	くふ楽ホスピタリティ・カレッジ（KHC）
2006 10月	内定式・事業戦略会	アドバンス講習
11月	チャレンジシップ・アワーズ&忘年会	スタートアップ・ベーシック・アドバンス講習
12月		スタートアップ・ベーシック・アドバンス講習
2007 1月		アドバンス講習
2月		スタートアップ・ベーシック・アドバンス講習
3月	卒業式・リクルーター研修合宿	スタートアップ・ベーシック・アドバンス講習
4月	創業記念日・入社式・創業記念式典	スタートアップ・ベーシック・アドバンス講習
5月	チャレンジシップ・アワーズ	スタートアップ・ベーシック・アドバンス講習
6月		スタートアップ・ベーシック・アドバンス講習
7月	夏のイベント・富士山合宿	ベーシック・アドバンス講習
8月		スタートアップ・ベーシック・アドバンス講習
9月	事業戦略研修	スタートアップ・ベーシック・アドバンス講習

※くふ楽ホスピタリティ・カレッジ（KHC）は、スタートアップ・ベーシックは主に月に１回（１日２回）、アドバンスは月に２回開催。また、社員・アルバイトを対象に毎月誕生日会も開催する。

ボることはじめ、サボるチャンスはいっぱいある。サボる心を芽生えさせてしまうと、様々なところにしわ寄せがくるものです」（福原社長）

こうした経験をふまえ、人を育てるには、会社の考え方を伝えるツールやスキルアップのシーン、マニュアル的なものをつくらないとレベルアップはできないと考えた。100人の中に2割程度いるセルフコントロールができる人のためではなく、そうではない80％近くの層を底上げするためのものが必要だと考えて、様々な教育制度をつくり始めた。

「コーチング」を取り入れた社員教育も。

同社では、社員教育の一貫としてコーチングを取り入れており、アルバイト教育のなかでも一部は行っている。

そもそもコーチングとは、従業員の自発的行動を促すコミュニケーション技術のことで、質問・提案・承認をすることで従業員の能力や知識を引き出し、目標を達成するための方法を伝えて行動を起こさせることをいう。簡単にいえば、「自ら行動を起こせるようにサポートする」ということだ。

第一段階として、楽しかったこと、うれしかったことをアルバイトに尋ねたとき、どんなことが楽しかったのか、なにに対してうれしかったのか、どんなことで嫌な思いをしたのかということをより具体的に問いかける。そうすることで、まず本人の価値観を理解してあげるのだという。

櫛田取締役は「初めは意識してコーチングをしようとしますが、そのうち無意識にそうした質問が日常の会話の中で自然に出るようになりました」という。相手を理解してあげようという気持ちが日常のコミュニケーションの中で自然に働きはじめる。つまり、コーチングを意識して行うことで、コーチングされる側もする側も育っているのだ。

社員に夢を与える「ドリーム・フランチャイズ・システム」。

Aメンバーのトレーナー以上の社員には、ステップアップガイド社員版がある。このほか、「KUURAKUドリームカレッジ」という社内の教育機関を設けている。アルバイトよりも高度な知識やスキルを学ぶ。社員はアルバイトのリーダーになる存在なので、ここではコーチングの手法なども教えるという。

また、社内独立制度も行っている。現在、北千住、新松戸、葛西の3店舗を展開している業態で、生つくね『元屋』がある。

この店を社内的に「ドリーム・フランチャイズ・システム」と名付けて、社員の独立を支援している。業務委託として社員に店舗を貸し、その後店舗を買い取る（ハッピー・フランチャイズ・システム）という流れで、店を持ちたい、独立したいという社員のためのシステムだ。

「この業態は串焼きを中心にした同社の強みを活かした業態で、客単価も2600円と低めです。今後一番広がる可能性を持った業態です」（福原社長）

飲食業で働く喜びを学生にも子供たちにも。

同社は、居酒屋業態を中心に展開している。客単価の低めの店で2500円前後、高めの店で4000円くらいだが、福原社長は「これくらいの客単価の業態が実は一番難しいのではないかと感じています」という

こうした居酒屋業態は、お客の層は20代から60代まで千差万別。家族連れもいれば、ときには接待で利用され、ときには説教や痴話喧嘩の場として、ときには女性を口説く場としても利用される。客層も目的も、ものすごく利用の仕方が幅広いという特徴を持っている。

そうした中で、2時間、3時間というお客が過ごす時間をどれだけ心地よいもの

にできるかどうかは、お客の心理状態を感じ取り、ときには心理の先回りをしながら行動していく必要があるということを、福原社長は常々社員に伝えている。

「お客様の層も、考え方もばらばらな層をまず受け入れなければなりません。そうすると、お客様からクレームがきやすいものです。例えば、1万円のレストランではよほどの粗相がないかぎりあまりクレームはきません。居酒屋では、ちょっと粗相をしてしまうというのはどうしても起こりうることで、お客様のアルコールの影響もあり、それが大きなクレームにつながることがあります」

千差万別なお客から叱られることで、人の心がわかるようになる。人間として磨かれる。アルバイトも社員も、店で働く喜びはもちろん大きいが、それ以上に人生を学べることが大きい財産となる。これが飲食業の一番の魅力であり、福原社長が学生を中心にしたアルバイトメンバーに最も伝えたいことでもある。

インターンシップ制度の成果も上がってきた。

同社では、学生を対象にした就業体験も行っている。

プログラムは2種類あり、一つは「ソーシャル・インターンシップ・プログラム」で、社会を学ぶことを目的に、1週間から2週間以内、平均10日間の期間で行う。会社の理念や飲食店のつくり方などを学び、店舗で実際に働いて、社会体験をしてもらおうというプログラムだ。

もう一つは「バリアブル・インターンシップ・プログラム」で、最低1カ月、過去最高は1年半経験したケースもあるという長期プログラムだ。このプログラムでは、新しいプロジェクトや大きなプロジェクトに参加してもらう。より実践的なプログラムでもある。

このインターンシップ制度がもたらした大きな成果は二つあり、一つは、同社の従業員教育を制度化した「ＫＵＵＲＡＫＵホスピタリティ・カレッジ」は、このインターンシップで大学生を受け入れたときにつくったものだ。そしてもう一つの成果は、海外出店プロジェクトを組んだ際、大学生がリーダーとなって成功させたという。これがいまカナダ展開している『ざっ串』だ。

インターンシップを体験した学生の中には、同社にそのまま就職した人もいるが、多くは様々な企業へ羽ばたいていった。学生たちの自分自身の成長や自己実現のための手助けになればと福原氏は考えている。

飲食業の魅力を子供たちに伝え続けたい。

同社は、船橋市内で教育事業（ＦＣに加盟）も手がけているが、将来的には、子供たちにも職場体験ができるようなプログラムをつくってみたいという。

「よく新聞や雑誌でも目にしますが、子供たちに将来なりたい職業を聞くと、だいたいベスト10の中に飲食店が入っています。将来お店を持ちたいと漠然とでも夢を持っている子供たちは今でも決して少なくありません。でも、その子たちが高校生、大学生と成長するにしたがって飲食業はランキング外になってしまいます。大人になるにしたがって飲食業の負の部分をフォーカスしてしまうのでしょうね」（福原社長）

ただ、飲食業はお客に喜ばれ、それを目の前で体験できる、働く喜びの大きい仕事であることは確かだ。そうした働く喜びを子供たちに体験させて、その思いを持ち続けられるためにも、職場体験をぜひ実現させてあげたいと福原社長はいう。

カウンター商売の長所が生きる接客力を伸ばす

有限会社RAKUSHO

スタッフのファンを増やす接客を。

カウンター商法は「回転の速さ」が重視されがちだが、㈲RAKUSHOの展開する店は、「接客」を重視している。『VOCO』はカウンターバーながら、女性客が7割で、夜11時前後が集客のピーク。「接客」が魅力になるように、工夫も様々な所にしている。

● 有限会社RAKUSHOの店舗展開（2007年9月現在）

炭火串焼　凸でこ
2006年3月開業　10坪・20席
東京都世田谷区太子堂4－22－15
電話　03-5779-8775

VOCO　凹
2006年3月開業　10坪・20席
東京都世田谷区太子堂3－14－4
電話　03-5779-6023

Pizza－Country－川口
2003年2月開業　デリバリー
埼玉県川口市柳崎5－1－58
電話　048-265-5455

Pizza－Country－川間
2007年6月開業　デリバリー
千葉県野田市春日町7－14
電話　04-7127-2114

IL　FUMO
2007年5月開業　40坪・80席
東京都品川区西五反田1－30－4　REビル1階・2階
電話　03-5496-0476

Goo & GooPizza
2004年8月開業　デリバリー
神奈川県横浜市神奈川区松本町4－32－3
電話　045-322-2030

弁慶　川口店
2004年1月開業　デリバリー
埼玉県川口市柳崎5－1－58
電話　048-261-1826

弁慶　横浜店
2006年10月開業　デリバリー
神奈川県横浜市神奈川区松本町4－32－3
電話　045-323-2633

三ツ星キッチン　アルデンティーノ　本部（2004年6月）
SABOO'S　MEXICAN　TACOS本部（2007年6月）
ナッポリーニ本部（2007年6月）
VOCO凹その場で窯焼ピッツァケータリングサービス本部（2006年4月）

月に坪40万円を売るスタンディングバー！

東京・三軒茶屋のスタンディングバー『ＶＯＣＯ（凹）』は、わずか10坪で、月商４００万円を売る。07年３月のオープンから半年も経たないうちに、坪当たり月40万円を達成している。

この店は、渋谷駅から２駅目の東急田園都市線三軒茶屋駅から茶沢通りを下北沢方面へ歩いて４、５分の商店街に立地し、バス通りから一歩路地に入ると住宅地が広がる。ロケーション的には、完全な地域密着型の商売が経営を大きく左右する。

ここ数年、スタンディングスタイルの立ち飲み店が空前のブームを迎えた。最近は出店ラッシュも少し落ち着いてきたが、それでも都心では、恵比寿や新橋など立ち飲み店が密集する地域では依然多くの店が凌ぎを削っている。地方都市においても、駅前などに立ち飲み店が２、３軒集まっている街も少なくない。こうした立ち飲みスタイルの店の多くは、駅前の繁華街など高い集客力が見込める立地に出店するケースが多い。立ち飲み店は、「薄利多売」が宿命ともいえる業態だからだ。

そうした点でいえば、『VOCO』は一等立地にあるとは言えない。それでも地元に住むOLを中心に、客層の7割を占める20代、30代の女性客が夜な夜な集まってくる。10坪の店内にコの字型にカウンターを配し、個室も含めてお客を収用できるキャパは30人で少しゆとりがあり、ギュウギュウに詰めて45～50人、過去最多で一度に56人が入ったという賑わいぶり。営業時間は18時～翌3時で、日曜・祝日は茶沢通りが歩行者天国になるため、下北沢方面から流れて来る若者が立ち寄るケースもある。曜日を問わずお客が集まり、地域の名物店の域にすでに達している。

この店の集客力を支える要因の一つが「商品力」であり、窯焼きピザとワインをセールスポイントにしている。特注のガス窯を狭い厨房に設置しているが、スタンディングスタイルの店でピザ窯を設置していること自体がまず珍しい。店の経営母体である㈲RAKUSHOの代表、附田国造氏（30歳）は、このピザ窯と商品に絶対的な自信を持っている。

「この窯には徹底してこだわりました。現在は業務用としても販売されていますが、当初はこの店の規模と能力に合わせて独自に製作してもらったものです。普通ガス窯はあまり温度が上がらないのですが、この窯は500度以上の高温で一枚のピザを1分で焼くことができます。私はレストランでの修行時代から合わせて11年間ピザを扱いノウハウを積みましたが、この窯で焼く1枚500円のピザは誰にも真似ができないと自信を持っています」

こうしたこだわりのピザが女性客を引きつける一つの魅力になっている。ドリンクの主力をワインにしたことも、ピザとの相性のよさもあり、女性客に喜ばれている一因だ。

店の集客力を支えるもう一つの要因が、「接客力」である。お客と従業員の距離感が近い立ち飲みスタイルの店は、着席スタイルの店よりも接客が集客のカギを握るといってもよい。接客の良し悪しで集客力に差が出て、それがおもしろさでもあり醍醐味《だいごみ》でもある。そのぶん、従業員の個々のキャラクターに加え、接客のテクニックも必要になる。つまり、いかにマンパワーを強化していくかが集客の決め手にもなる。

この接客力を高めるために同店が取り組んだのは、従業員の能力を最大限に引き出すための店づくりとオペレーションの工夫であり、独特ともいえる従業員の育て方である。

お客同士をつなげる接客がスタンディングの醍醐味。

スタンディングスタイルの店の一番のメリットは、お客同士の〝横のつながり〟にある。

肩と肩が触れ合うほどの距離感でお酒を楽しみ、知らないお客同士が気軽に会話を交わし、いつの間にか一つのグループになり、仲間になってしまう。こうした点が、「社交場」とも言われる立ち飲み店ならではの魅力でもある。

附田氏は、こうしたお客同士のつながりを演出する大きな役割を担っているのが従業員であり、立ち飲み店の接客のポイントでもあると強調する。

「スタッフは、お客様同士をどうつなげていくか。ここがスタンディングスタイルの店の接客の決め手になるポイントです。例えば、男性2人、女性2人のそれぞれ別のお客様がいたとしたら、この2組をどうやって友達にさせるか、ということです。

カウンターに立つスタッフは、最初はそれぞれのお客様と会話をします。会話をしながら、女性客のほうからも男性客のほうからもある程度の情報を聞き出します。そうすると、なにかしら〝接点〟が見つかるものです。そこで、タイミングをみはからい『お隣の女性も○○にお住まいとおっしゃっていましたよ』とか、『お隣の男性も○○の出身とおっしゃっていましたよ』というように、接点を話題としてそっと投げかけてあげます。あまりプライベートに踏み込みすぎない程度に、共通の話題を見つけて、この2組が会話をするきっかけをつくってあげるのです」

同店の客層は、25歳くらいから40歳くらいの地元に住んでいる女性が多く、ピークタイムの夜11時前後になると、会社帰りなどに1人で来店するお客もけっこういるという。そうすると、「1人のお客様が4組いると、いつの間にか4人のグループになります」（附田氏）というのが、まさにお客同士の横のつながりであり、お客にとってもスタッフにとっても楽しいもの。これがスタンディングの店の一番の魅力といえる。

この店に来れば誰かがいる。気軽に話せる若いスタッフがいる。1人で出かけても誰かと友達になれる。ただお酒が飲みたいからという動機よりも、多くのお客は

また来たいの本質

仲間に合える店には通いたくなる。

この店に〝つながり〟を求めて来店する。地域密着型の商売が大切な立地ということも含めて、お客同士のつながりを演出する、ある意味レベルの高い接客に重点をおき、それを実行できるスタッフの教育に努めている。

さらに、お客同士がつながるということは、店のオペレーションの面でもメリットが大きいと附田氏は加えていう。

「お客様同士がつながってくれればスタッフの接客の負担はぐんと軽くなります。これはスタンディングスタイルの店ではとても重要なことです。言い換えれば〝お客様がお客様を接客する〟ということにもなります。お客様同士の接客ですから、スタッフが接客するときよりも粗相をしたり失敗が少ない（感じない）というメリットもあります」

同店は、通常はスタッフ2人で店を切り盛りしている。ピークタイムにもう1人入ることもあるが、常時2〜3人で1日100人前後のお客に対応しなくてはいけない。その中で、1人はドリンク担当、1人はフード担当というように分担し、手があいたほうが洗い物をするというのが日々のオペレーションだ。だからこそ、お客は〝第三のスタッフ〟である必要があるのだ。

また来たいの本質

1人でも入りやすい、
1人でも居心地のいい店は行きやすい。

店づくりの工夫と仕組みでスタッフの能力を高める。

スタンディングスタイルの店は、スタッフとお客との距離が近く接点が多いため、ある意味特殊な接客技術を要求される。着席スタイルの普通の店よりも、スタッフ個々のパーソナルな部分が接客の良し悪しをどうしても左右してしまう面がある。

カウンターの中にいるスタッフが明るいキャラクターなら店の雰囲気も明るくなる。接客のテクニックに長けているスタッフならお客の居心地も格段にアップする。逆に、無口で愛想の悪いスタッフだとお客の気分もイマイチ盛り上がらない（店のコンセプトにもよるが）。

つまり、「接客力＝人間力」という面が、着席スタイルの通常の店よりも要求されるといえる。

では、『ＶＯＣＯ』の場合はどうか。接客力を高めるための取り組みを様々な面から行い、スタッフの戦力化に努めているが、店づくりとオペレーションに「人を育てる」工夫をしている点がおもしろい。これは、他店ではあまり見られない店づくりの大きな特徴でもある。

厨房の床の高さにも接客力を高める工夫。

一つは、厨房の床をフロアの床よりも高くしている点だ。10坪の店内は、コの字型にカウンターを配したオープンキッチンにしているが、厨房の床がフロアよりも25㎝高く設計してある。フロアに立つお客から見ると、カウンター越しに厨房の床まで見えるほどで、「すべてを見てください」と言わんばかりの造作になっている。

この狙いを附田氏は次のように説明してくれた。

「要するに厨房の中は〝舞台〟なんです。そこに立つスタッフはヒーローでありヒロインです。働くスタッフ全員にその意識を持って厨房に立ってもらいたいからです。お客様に常に見られていることを意識して、接客にも取り組んでほしい。そのことを新人には最初に伝えます。

そして、この店で働いていることがブランドになってほしい。ここで働くことがカッコイイと思えるようになってほしい。この店で働くことをステイタスに感じてほしいと考えています。実際、フロアや店の外から見ると、厨房が高くなっていてスタッフがカッコよく見えます。だからユニフォームもおしゃれにスタイリッシュなものにしています」

「お店は舞台、スタッフは役者」という考え方は、飲食店ではよく言われる格言のようなものだが、オーナーのそうした思いが果たして働くスタッフの気持ちにどれだけ響いているのか。それが立ち飲み店ではもっとシビアな現実として集客力にも影響を与える。

厨房の床の工夫は、「この店で働くということは特別なことなんだ」という、接客力を高めるための意識付けの第一段階でもある。

個室の「小窓」に仕事を助ける技あり！

店づくりの面から見たもう一つの工夫は、スタッフの負担を軽減するためのオペレーションをよく考えていることだ。店内には、カウンターの奥に5、6人座れる個室もあるが、個室の壁には商品を提供する小窓が設けてある。厨房の奥から直接商品を出せるようにしたもので、フロアに立つスタンディング客も含めて、スタッフは厨房から一歩も出ずにすべてのお客に商品を提供できるようにしているのだ。

この点についても附田氏はこう説明する。

「スタンディングスタイルの店は、人件費を最小限に抑えて最大限の売上をどう確保するかが課題です。そのためには、スタッフの労力を軽減する店づくりやオペレーションの工夫が必要です。個室の小窓もその一つですが、忙しい店をこの少人数でこなせたということがスタッフの自信にもつながります。ひいては将来の自分の自信にもつながってきます。

オペレーション能力を上げていくにはスタッフ個々の能力はもちろん重要ですが、仕組みづくりをきちんとしないと店はまわりません。個人の能力をどう高めるかだけでなく、店づくりやオペレーションを工夫することで、スタッフの能力を外側から上げていく（サポートする）仕組みづくりが必要です。仕事のできる能力の高い人は何をやってもできます。仕事のできないスタッフをどれだけできるようにさせるかがお店づくりのコツです」

オペレーション次第でスタッフも育つ。スタッフが自信を持てるようになる。「どうやってスタッフに自信を持たせるか」を突き詰めた結果がこの店づくりによく現われている。

スタッフの負担を軽減するオペレーション。

オペレーションを工夫することで、スタッフの労力も軽減される。その分、きちんとお客にも対応することができる。それが接客力を高めることにも直結する。同店のオペレーションの工夫をもう少し詳しく見てみよう。

厨房に立つ2人のスタッフは、基本的には、フード担当とドリンク担当というように明確に役割分担をしている。ただ、役割分担はしているが、ピークタイムなど忙しい時間帯はそうもいってられない。料理が遅れているときはドリンク担当が手伝ってあげることもある。また、4、5人のグループが来店した場合、ドリンク担当が1人で作っていたらどうしても時間がかかる。ビールやワインならすぐに出せるが、カクテル系などはどうしても時間がかかってしまう。そうしたファーストドリンクを提供するときには、状況をみてフード担当がドリンク担当をサポートするようにしている。

これは、「ファーストドリンクは絶対に遅れないこと」という同店の鉄則からくるものだ。

「ファーストオーダーは、ドリンクは1分以内、フードは5分以内に提供せよと、常々スタッフには伝えています。スタンディングの店でそれができないとお客様はイライラします。だから、基本的にはフード類はオーダーから5分以内で提供できるようなものしかメニューに載せていません。ピザに関しては、1分で作り、1分で焼けるようにしているので、理論上はオーダーから2分で提供できるオペレーションになっています」(附田氏)

ピザは一枚500円の均一価格だが、こうした数量をこなせるオペレーションづくりをしなければ1枚500円のピザで売上を確保することはできないという面もある。

ピザをはじめ、商品はボトルワイン以外すべて500円の均一価格にしている。これは、「わかりやすさ」を基準にしたもので、4杯飲めば2000円、6杯飲めば3000円と、お客にとっては明朗会計な点が喜ばれる。100円ショップのように、「わかりやすさ」はお客がお金を落とす大きなポイントでもあり、スタンディングスタイルの店の生命線でもある。商品開発にしても、500円という売値から逆算してメニューを作っていくやり方をとっている。

また、均一価格は、スタッフにとってもわかりやすい。会計はカウンターのテーブルチェックで、ポスレジで管理しているが、忙しいときでも計算がしやすいのでオペレーションの面でもスピードが落ちないのがメリット。

こうした明朗会計という点では、商品ごとにお金を支払う「キャッシュ・オン・デリバリー」を魅力にしている立ち飲み店も多い。同店もオープン当初はそうしていたが、「面倒なうえ、衛生上よくありません。飲食店ではお金をさわったらきちんと手を洗うのが鉄則ですが、お金をさわるごとに手を洗っていたらオペレーションが止まってしまいます」（附田氏）という理由で、会計は後払い方式に変えた。

戦力として育てるために「夢」を持った人材を採用する。

接客力＝人間力とするならば、若いアルバイトを戦力としてどのように育てていくか。ここが最も大きなポイントになる。ここからは、『ＶＯＣＯ』がどのようにアルバイトや社員を育て、戦力化しているのかを詳しくみていきたい。

その前に、アルバイトとしてどんな人材を採用するのか。面接では、若い人のどんな点を重視しているのかということに触れておきたい。

同店では、アルバイトの募集は求人誌などの広告は打たず、店頭の張り紙や、いま働いているアルバイトの紹介で応募してくる人がほとんどだ。したがって、店の情報はある程度把握しており、「この店で働きたい」という人材が集まってくる。そういう意味では、会社の方針を素直に理解してくれやすい人材が集まってくるとも言える。

附田氏が面接のときに必ず聞くことは、「何のためにこの店で働きたいのか」という点だ。店のためにではなく、個人的に、将来何をやりたいのかという「夢」と「目標」を持っているかどうかを確認する。夢があるかないか、これをアルバイトの採用基準にしている。

「いま働いているアルバイトの子で、将来スタイリストになりたいという人がいます。スタイリストになるのにどうして飲食店で働くのかと訊ねたところ、『いまスタイリストの勉強をしているところですが、このお店は雰囲気的にスタイリストのお客さんが多いと思いました。ここでそうした人と出会えれば将来役に立つと思いました』と彼は答えました。実際、この店はスタイリストや服装などセンスのいいお客様がすごく多いことは事実です。私はそれが嬉しくて、こうした個人的な目標をはっきりと持っている人を採用します。

将来、飲食店を経営したい。お金をたくさん稼ぎたい。なんでもいいんです。夢や目的意識を明確に持っていないと、うちの店では長続きはしません。カウンター商売というきつい労働条件もそうですが、労働生産性が非常に高いし、仕事ははっきりいって厳しいです。1日100人前後のお客様を相手にし、これだけのレベルの仕事を基本的には2人でこなします。夕方5時に入店して翌朝5時まで働いたら

12時間ほとんど立ちっぱなしでヘトヘトになります。

それでも個人的な目標を明確に持っている人は続きます。これまで途中でくじけていったアルバイトはたくさんいますが、続いている人と挫折した人の違いを考えてみると、やはり個人的な目標を明確に持っていたかいなかったかです」

目標や目的意識を持った人は頑張ることができる。この点に尽きる。また、相手の夢や目標を確認するだけでなく、附田氏も会社の方針や夢をはっきりと伝える。

「うちの店は（会社は）今後こういう方向をめざしている」「君の夢に協力できることはするつもりだ」「君も私の方針を理解してください」ということを、面接できちんと説明する。この点がうまく折り合わなければ、基本的には採用はしない。ただ、実際はなんとなく飲食店で働きたいというだけの人も多く、採用に至らないケースも多々ある。ここまで人材を厳選するのは、厨房が隔離されているような規模の大きな店とは違う、スタンディングスタイルの店だからだ。

ただ、こうした精神面だけが採用基準ではない。なにより女性客の多い店だ。「できるだけ〝イケメン〟を集めるようにはしています」と附田氏が言うように、働く男性スタッフのルックスの良し悪しも無視はできない。ちなみにいまの『VOCO』の店長は、「イケメン店長のいる店」という企画のテレビ番組の取材を受け

「イケメン」も接客力の要素

自分の目標を目指しながら飲食店の仕事を頑張れる人を採用するようにしている。伸ばせる長所がある人、個性が感じられるかどうかも大切にしている。

たこともある。

そうはいえ、「夢と目標を持ったイケメン」がそこらじゅうにいるはずもない。地味で、普通の男の子でも、髪型や身だしなみを整えたり、服装の面で指導をするようにしているという。

「個性」を理解し、長所を伸ばしてあげる。

夢や目的意識を持った人材を採用した。それで一件落着ではない。大切なのは、夢を実現するために行動することで、そのサポートをしてあげるのが自分の役割だと附田氏は言う。

「掲げた個人的な目標を、いつまでに達成したいのかということを明確にさせます。そこから逆算して計画的に働いてもらいます。

例えば、20歳のアルバイトが、30歳までにスタイリストで独立したいと考えているのなら、30歳までの間にどれだけの技術やお金、人脈が必要なのかを本人に確認します。いま20歳ならあと10年ある。ならば5年後はこれくらい、3年後はこれくらい、1年後にはこれくらいが必要になるよね。もっといえば、半年後、1カ月後、今日一日をどのように過ごせばいいのかということを常に意識して仕事をしましょう、と伝えます」

夢や目的意識があっても、誰もが明確にイメージできているわけではない。若い人ならばなおさらのことで、漠然《ばくぜん》としたものだったりする。それでも、実現に向けたアプローチの仕方や気持ちの持ち方を投げかけてあげることで、本人の意識の中にきっちりと根付かせることができる。

ここで一つ問題もある。夢や目的意識のあるなし以前に、当人がそもそも接客商売に向いているかどうかという点だ。だが、附田氏は接客商売の向き不向きはさほど重視していない。

「いま働いているアルバイト中で、すごく暗くて、いかつい顔をした男の子がいます。面接のときに、接客には向いていないなと正直思いました。店に立っていても口数が少なくて当初は心配していましたが、よくよく接してみると照れ屋だったことがわかりました。じっくり話してみると、実際はとってもいいヤツで、可愛い性格なんです。そんな彼のキャラクターが女性客にウケたりするわけです。

要するに、接客に向いているかいないかではなく、それも大切な「個性」です。個性をうまく引き出してあげるのが私の仕事です。接客業に笑顔は重要ですが、みんながみんな笑顔で接客するのが本当にすばらしい店なのか。デメリットと思われる部分は補い合い、表面的に隠せばいいのです」

さらに、念を押すように附田氏は個性の大切さをこう説明する。

「おもしろい原理なのですが、例えば数学が得意で、国語が苦手な子がいます。毎回、数学は80点とれるけど国語は40点しかとれない。そこで、努力して国語を60点とれるようにすると、平均点が70点になるんだよと指導をするケースがありますが、これは違うと思います。そうではなく、得意な数学で100点をめざしなさいと指導をするのです。得意な分野をもっと伸ばすわけです。そうすると不思議なもので、得意な数学が100点になると、苦手な国語も40点だったものが50点くらいに上がるものです。

だから、悪いところを修正するよりも、長所をどんどん伸ばす努力をすると悪いところも改善されてくるのです。表面的に暗かった彼の場合も、照れ屋のいい部分を魅力として伸ばし、引き出してあげることで、どんどん元気になりました」

また来たいの本質

スタッフの個性も店の魅力になる。

新人が新人を教えることで、双方が成長する。

『VOCO』にマニュアルのたぐいはない。業務上の規定を記したハウスルールはもちろんあるが、接客に関するマニュアルは一切ない。

「接客に関するマニュアルは、日々お客様と接しているスタッフが自分たちで作っていくもの」という附田氏の考えが根底にあり、会社で作るマニュアルは、スタッフのためにならないと考えている。スタンディングスタイルのお客同士をつなげる接客はマニュアル化できないからだ。

㈲RAKUSHOは、同じ三軒茶屋にある串焼き立呑『でこ（凸）』や埼玉・千葉で展開している宅配ピザなど、直営5店舗・FC12店舗の17店舗を現在展開している。附田氏は、直営店には週に1回は必ず顔を出すようにしているが、現場レベルの細かいことはすべて店長を中心にスタッフの主体性に任せている。

「細かい現場レベルのことを私が直接アルバイトに教えることはほとんどありません。私が教えたら、一番成長するのは私自身です。例えばレシピを作る場合でも、できあがったレシピを見て勉強する人よりも、レシピを作る人のほうが勉強し、成長します。私が教えたほうが効率はいいのですが、それでは現場のスタッフは成長しません。つまり、人に教えることで人は成長するのです」

こうした附田氏の方針がよく表れているのが、新人スタッフへの仕事の教え方だ。

新人スタッフが入ると、ドリンクやフード類の配置、一連の作業の流れなど基本的なことからまず教え、メイン商品のピザの作り方などもすぐに教える。新人に仕事を教えるのは、基本的にできるだけ新人に近い先輩スタッフが担当する。つまり、昨日入った新人には、1週間前に入った新人が教えるようにしている。教えることで、自分の仕事を再確認させるためで、そうすることで、1週間前に入った新人がぐんと成長するからだ。こうして入店1カ月目くらいのアルバイトでも、原価計算などのフードコスト管理、発注業務、業者交渉までの仕事をひと通りできるようになるという。

「だからこそ、質の高い人材が必要なのです。同じ10の力でも、2の力を持った人が5人ではなく、5の力を持った人が2人必要なのです」（附田氏）

ただし、これにはリスクがある。5の力のある人が店を辞めてしまうと店の運営に支障をきたしてしまうことだ。このリスク管理として、社員の他にアルバイトを多めに確保しているという。

スタッフの主体性を育てるミーティング。

マニュアルをはじめ、「ソフトはスタッフが作るもの」というのが附田氏の基本的な考えだ。自分の仕事は、スタッフが能力を発揮しやすいオペレーション（仕組みと環境）を作ること、スタッフのモチベーションを上げていくことの2点に尽きるという。そのほか日常的なソフトの部分は、店長を中心にスタッフが失敗したり、意見交換をしながら作り上げていくものと考えている。

「トップダウン型で下ろした指示は意外にもろいものです。スタッフが自主的につくった土台は強固で、簡単には崩れないものです」（附田氏）

ユニークなのは、アルバイトの給料も自分たちで決めることだ。店では月に1回、スタッフ全員で「時給ミーティング」を行う。普段の仕事のことやオペレーション面のことも議題に上るが、アルバイトも含めて自分の時給を自分で決める話し合いが行われる。

例えば、アルバイトのA君が、「僕は先月900円でしたが、今月は1000円で申告したいと思います。その理由は、これとこれができるようになったからです」と発表する。反論のある先輩スタッフは、「A君は確かにその仕事はできるようになったけど、先月は1回遅刻したからダメ」と意見を述べる。するとA君は、「確かに先月は1回遅刻しましたが二度と遅刻はしません。だから僕は1000円で申告をします」といった具合に、スタッフが自由に意見交換をする。最後は多数決で決めるのだが、社長の1票も、昨日入ったばかりのアルバイトの1票も同じ1票として扱う。

こうして時給関連のミーティングが終わると、今月のテーマとして5つくらい議題を挙げてミーティングを行うが、附田氏からはほとんど挙げない。議題はスタッフから出させるようにしている。また、ミーティングでは、かなり厳しい意見が飛び交うそうだ。

「厳しい意見を言うときは、言っている人自身にプレッシャーがかかるものです。時給ミーティングでもそうですが、厳しい意見は、言われる人間よりも言う人間にかかるプレッシャーのほうが大きいものです。それだけ責任も重くなります。私からみて意見や提案が多少間違っているなと感じても、アルバイトにもどんどん実行させます。

先日のミーティングで、アルバイトの女の子が私に言いました。『この店はレシピ表がないですよね。レシピはきちんと作らないとダメだと思います。ちゃんと写真を撮って、何が何グラムときちんと書いたものが必要です』と。私が了承すると、その子は1ヶ月かけて自分でレシピ表を作りました。

この一件が社内的にも議題に挙がり、全店舗の全従業員を集めて、新たなレシピ表作成のミーティングを行いました。全商品のグラム数を量り、全員で試食しながら意見交換をし、ピザなら焼く前と焼いた後の写真を撮り、レシピ作りを行いました」

附田氏いわく、これまできちんとしたレシピがなかったのは、スタッフの誰かが自主的に作るのを待っていたからだそうだ。

有能な人材の流出が、次の有能な人材を生む。

常時2人のスタッフで賄《まかな》う体制をとっているうえで、附田氏には悩みのタネがある。能力のあるスタッフが独立していくことだ。

チェーンストア理論とは対照的に、小規模店では、能力のある強いスタッフが辞めると店や会社が潰れてしまうリスクを持っている。そのリスクを考え、人材を常に多めに確保し、附田氏自身が週に1度は現場に出て、万が一人が抜けても自分が入れるようにしている。

しかし、能力のあるスタッフが辞めることを怖がり、何らかの対策や予防策をとることは決してよい方向には向かわないことに最近気付いたという。強いスタッフが辞めると店が崩壊するかもしれないが、それを怖がらずに、逆に強いスタッフをどんどん排出（独立）させる。有能なスタッフが出て行くことで、次の新しい有能なスタッフが育つということを実感したという。

「先日、非常に能力のある強いスタッフが2名独立しました。正直いってショックでしたが、うちの店は独立道場の役割も担っているので、嬉しさ半分、悲しさ半分というところです。小規模であるがゆえに、お客様は人（スタッフ）に着いています。この2人にもお客様が着いていて、一時ですが、客数が激減しました。でもその直後、社員が入ってきて、アルバイトが10人ほど面接にきました。2人が辞めた翌週からわずか1カ月くらいの間の出来事です。しかも、社員もアルバイトも非常にいい子たちが新しく入ってきました。

そこで改めて感じました。優秀なスタッフが抜けることを恐れてはいけない。どんどん排出したほうがいい結果を生むことも多いと。川の流れのようなもので、循環することで常にきれいな水が流れるものだと。用水路を作って水を貯めようとすると、どんどん泥水になっていきます。どんなに有能でも、ずっと同じメンツで働いているとスタッフが泥水のようになっていくこともあります。ただ、無理に排出するわけではなく、排出しやすい（独立しやすい）システムをつくることです」

経験豊かな古いスタッフが抜けると、接客レベルも商品レベルもどうしても下がってしまうマイナス面もありますが、そうした環境をつくると、新しい人材が入り

また来たいの本質

接客も、マンネリ・馴れ合いより新鮮な方がお客は楽しい。

やすくなる。古いスタッフにとっても馴れ合いの人間関係から、新しい人材が常に入ってくることで常に新鮮な気持ちで仕事ができる。だから、人材の排出を怖れてはいけないと附田氏は考えている。

お客にとっても同じことがいえる。『VOCO』は、地元に住んでいる人が客層の大多数を占めるが、スタッフが固定化されてしまうと、スタッフとお客が馴れ合いになってくるものだ。スタッフとお客が馴れ合うと、新規のお客はさびしい思いをする。店の印象も決してよいものにはならない。その点、新人スタッフはどのお客とも均等に会話をする。最高の接客サービスはできないが、新規のお客には素直にアプローチすることができる。こうした循環が、結果的に常に新鮮な接客力を維持することにもつながるのだ。

働く人間が「楽しい」ことが接客力に！

「あなたの店にとって接客とはいかに」

この問いに附田氏は、働く側が「楽しい」ことに尽きると答えた。スタンディングスタイルの店の醍醐味は、お客同士のつながりと、それを演出する接客にあると感じている。『VOCO』を出店したのも、このスタイルが圧倒的に楽しいと判断したらかだ。ちなみに、RAKUSHOという社名にも、「楽勝、楽笑、楽生」という3つの意味が込められている。勝ち負けは重要だが、それ以上に、楽しく笑って生きていける会社に、店にしたいという思いがある。

先頭に立つ自分が楽しくなければスタッフだって楽しくない。仕事が楽しくなければみんな辞めていってしまう。それはシステムについても言えることで、長い時間働いているとどんな人でも疲れてくる。疲れてくれば仕事を楽しいとは感じない。

附田氏は、この楽しいか、楽しくないかの境目が8時間だという。

「スタッフを1日8時間以上働かせると、楽しいが辛いに変わります。ただでさえカウンター商売の現場仕事は大変です。だから、状況によって違いますが、スタッフにはできるだけ8時間以上は働かせないようにしています。働く時間が8時間を越えると、1日、2日は我慢できますが、1週間、1カ月と続くと疲れがたまり、持っている能力を発揮できないばかりか、きちんとした接客ができなくなります。

もちろん経験の長いスタッフは能力があるので、長時間働くこともありますが、経験の浅いアルバイトの場合は、8時間以上働かせないほうがいい。個々の経験と能力を見極めながら労働時間をコントロールするようにしています」

仕事を楽しむことを価値基準にする一方で、附田氏は仕事の内容には社員、アルバイトの区別なくシビアな目で望んでいる。

店にタイムカードはなく、シフト上はオープン1時間前の夕方5時入店としている。しかし、基本的には、5時30分に入店しても、5時58分に入店してもかまわないとスタッフには伝えている。ただしそれには、どんなことがあっても6時に店を開けるという条件がある。例えば、前日の段取りを完璧にして、6時直前に来て店の鍵を開ければ即オープンできるというのであれば、なにも5時に入店する必要はないという。

なぜなら、「仕事は内容」だと附田氏は考えているからだ。だから、能力のあるスタッフには、「仕事が片付いたらいつでも好きな時間に休憩していい」、逆に能力のないスタッフには、「店が暇でも休憩に入るな」ということを徹底させている。

アメとムチとまではいかないが、同社では、年に2回社員旅行を催行している。ただこれも、「売上目標を達成したら会社負担、ダメなら自己負担」としているため、みんな最後は友達を呼んで必至の形相で目標を達成している。

有限会社てっぺん

究極のサービスは、人間力の徹底追求から生まれる

『てっぺん』を有名にした公開朝礼。

公開朝礼で一躍有名になった「てっぺん」。その朝礼の根源には、「本気のストロークが人を輝かせる」という大嶋社長の信念がある。そして、信念は実現できるという確信がある。全ての接客会話も接客動作も、この「本気ストローク」から発せられている。

● 有限会社てっぺんの店舗展開（2007年9月現在）

てっぺん　自由が丘店
2004年1月開業　30坪・54席
東京都目黒区自由が丘1－26－3
電話 03-5731-5568

てっぺん渋谷　女道場
2005年4月開業　25坪・50席
東京都渋谷区宇田川町41－23
電話 03-5428-3698

てっぺん　桑名店
2005年8月開業　35坪・70席
三重県桑名市有楽町53－1
電話 0594-25-8118

てっぺん渋谷　男道場
2006年8月開業　30.5坪・54席
東京都渋谷区宇田川町37－13
電話 03-5452-1598

まいどてっぺん
2007年8月開業　23坪・44席
東京都目黒区東山1－3－1ネオアージュ中目黒101
電話 03-3714-1998

日本一時給が安く、日本一人が集まる居酒屋。

「お金が目的ならほかの店に行ってくれ」

自分を変えたい、人間として成長したい、本気で自分の夢をかなえたい。本気で働く気があるのなら、来る者は拒まない――アルバイトに対する独自のスタンスもまた、てっぺんの流儀。

日本一の居酒屋をめざして成長中の居酒屋『てっぺん』の店づくり・人づくりは、すべてにおいて〝てっぺん流〟が行き渡っている。創業者で代表の大嶋啓介さん（33歳）の独自の経営・人材育成ノウハウは、「飲食業界の風雲児」とマスコミでも注目されている。「日本一の朝礼」と言われるほど有名になった公開朝礼は、いまや韓国・台湾など海外も含めて年間1万人もの見学者が殺到する。

公開朝礼についてはは後で詳しく説明するが、てっぺんの店づくり・人づくりの流儀は、人材を受け入れるときのスタンスからしてほかとは違う。

てっぺんでは、これまでアルバイトの募集をしたことがない。

お客として来店したり、公開朝礼に参加したり、ホームページを見るなどして、ほとんどの若者が「てっぺんで働きたい」といって応募してくる。自分をうまく表現できない、人と話すのが苦手な若者も多く、過去に引きこもりであった若者までもが店の門を叩いてくる。

アルバイトの時給は800円。時給は基本的には変わらない。大嶋氏は言う。

「いま東京の居酒屋は、アルバイトの時給の平均は1050円から1100円くらいだと思います。東京で時給800円の居酒屋はないはずです。てっぺんは、ナンバー1に時給が低い自信があります。極端にいえば、日本一時給が安くて、日本一人が集まる居酒屋です。だから面接の際も、『お金が目的ならほかの店で働いたほうがいいよ』とはっきりと伝えます。自分が本気で成長したい、この店で修行をしたいという気持ちがないとやっていけません」

店に魅力があれば時給が低くても人は集まる。お金以外に「成長」という得るものがあれば、お金は関係なしに人は集まる。だが実際、お金に困り、お金が欲しい人はいま店で働いているスタッフの中にもいる。そういう人は、「どうしてもてっ

また来たいの本質

「この店で働きたい」という人が多い店は、お客も集まる。

ぺんで働きたいから」と、アルバイトを掛け持ちしてお金はほかの場で稼いでいるという。

「不採用なし」が店の基本的なスタンス。

アルバイトを採用するか、不採用にするかではなく、店で働くか働かないかということは本人が決めること——これもまた、てっぺんの流儀。

だから面接では、本人を本気にさせることからスタートする。大嶋氏のいう「本気」には4つの定義がある。このことを前提に、本人にも理解してもらう。

・自分で決める……人に決められたことでは本気になれない。まず自分で決めることが本気になれるかどうかの出発点。

・やり続ける……途中であきらめたり、飽きるというのは本気じゃない証拠。夢や目標に向かって最後までやり遂げること。

・楽しくなる……何事も本気で行えば楽しくなるもの。「辛い」「苦しい」は本気ではない。
・本気の人に人は集まる……本気で頑張っている人に人は魅かれる。スタッフが本気で働いている店、本気でおもてなしをしている店にお客が集まる。
この4つの定義の中で最初の「自分で決める」ということが肝心で、店で働きたいのかそうでないのかは自分はで決めること。てっぺんで働く心構えをしっかりと持ってもらうためにも、面接の時間はたっぷりと2時間から3時間かける。どれだけ本気で自分を成長させたいのか、自分の夢を達成したいと本気で思えるかなど、日々の仕事のことも含めて厳しい話を散々伝える。中途半端な気持ちのまま「やります」とは決められないような言い方をして、本人の本気度をみるのだ。

てっぺんの「本気」をこれからじっくりと見ていこう。

「接客日本一」を徹底して追求し続ける！

てっぺんは「7つの追求」をテーマに、店づくり・人づくりを実践している。

てっぺんは東京・自由が丘に1店舗、渋谷に2店舗、中目黒に1店舗、三重県桑名市に1店舗、計5店舗を展開しているが、各店とも4月に店長を交代することが多く、3月までの間にどんな取り組みをするかということを年間スケジュールを組んで計画的に進めている。各店一人ずつ代表者を出し、テーマごとに5、6人で目的を追求する体制をとっている。07年の7つの追求テーマは以下のとおり。

「てっぺん『本物』……7つの追求」

- 接客日本一の追求
- 料理の追求
- 当たり前の徹底日本一の追求

・リーダー育成の追求
・夢の追求
・ありがとうの追求
・朝礼日本一の追求

「接客日本一の追求」は、大嶋氏がリーダーを担当し、各店代表メンバーとともにこのテーマの追求に当たっている。

てっぺんでは03年の創業以来、スタッフが日本一輝いている飲食店をめざしてこれまで様々な取り組みを行ってきた。「接客もすごいね」「てっぺんのサービスはすごいね」と誰からも言われる「接客日本一」をめざしてきたが、これまでは内容がともなっていなかった。そこで、07年はより本格的に接客に取り組もうと、7つの追求のトップテーマに掲げた。

最高の接客サービスを追求していくために実践しているポイントは大きく二つある。

一つは、最高のサービスを提供している店はどこかを知ること。同じ業態である居酒屋で探し、レストランで探し、ホテルで探し、さらには美容業界の4つで探す。業態・業種を問わず、様々な業種で最高レベルのサービスを提供しているのはどこかを探すこと。

二つめは、それぞれの店がどのようにしてサービスを向上させているのかという仕組みを知り、学ぶこと。それを自店に取り入れて真似ることを実践する。

このことを大嶋氏はこれまでの4年間で繰り返し実践し、それを積み重ねることで最高の接客サービスの追求にたどり着いた。

最高のサービスを学び、そして真似る。

「学ぶことは真似ること」

てっぺんを創業する以前から大嶋氏はサービスに定評の店を日々研究していた。そのアプローチの仕方が半端ではない。

三重県桑名市出身の大嶋氏は、大学卒業後の97年、名古屋・東京で店舗展開する「かぶらやグループ」に就職。01年に『飯場銀座店』の店長に抜擢されたのを機に上京した。大嶋氏が上京してから実感したのは、東京の飲食店のサービスのレベルの高さだ。

「居酒屋もそうですが、特にレストランの接客レベルの高さに驚いた」というが、いまでも当時の印象は大嶋氏の脳裏に強く残っているという。東京のレベルの高い接客サービスを目の当たりにし、「居酒屋でも最高の接客サービスを追求する」ということを目標とした。

接客を極めるためにまず実践したことは、レストランの最高レベルのサービスを勉強すること。同業種の居酒屋ではなく、業態の違うレストランのレベルの高いサービスを学ぶことがより勉強になると考えたからだ。しかも、相手の懐に飛び込んで本物のサービスを学び取る方法をとった。

そこで、『飯場銀座店』の中心的なアルバイトメンバー3人を接客サービスで評判のレストランにそれぞれアルバイトとして送り込んだ。この3人は大嶋氏が上京する際に名古屋から一緒に連れてきたメンバーで、名古屋の店では社員並に仕事のできる有能な人材だ。

彼らを送り込んだ先は、グローバルダイニングが展開する『ラ・ボエム』、レベルの高いサービスで知られる西麻布の『Furutoshi（フルトシ）』、そして、当時、大

また来たいの本質

「また来たい」と感じさせる店には共通点がある。

嶋氏がダイニングの中でナンバー1のサービスレベルだと確信していた『ちゃんと』の3店舗だ。

「特に『ちゃんと』さんは居酒屋業態でありながら、客単価7000円、8000円クラスの店の接客サービスを実践していたチームです。この3つの店が、どのようにしてサービスのレベルを上げているのかを内側から学びたかった」（大嶋氏）

大嶋氏はこの3店舗の経営者・店長とは顔見知りだったため、アルバイト3人は「飯場」の看板を背負って〝研修〟に入った。研修先に週に5回、「飯場」には週に1回というシフトで入った。

こうして最高のサービスとはどういうものかを学び、自店のサービスに落とし込んで独自の接客サービスを築いてきた。

人も店も輝かせる「サービスの極意集」。

てっぺんにも「サービスの極意集」というマニュアルがある。この、てっぺん流マニュアルづくりの発想とプロセスが尋常ではない。

まず、店におけるすべてのシーンにおいてサービスの極意を追求する。お客を案内する、オーダーをとる、料理を提供する、その間の中間サービスとして何ができるかというシーンごとに極意がある。さらに、会計、見送り、アフターフォロー、あるいは満席の場合のウェイティングのとき、満席で帰ってしまったお客への対応など、すべてのシーンにおける対応策=極意を追求したものだ。

例えば新人アルバイトが入店した場合、この極意集は渡さない。接客の極意は自分で考えて作るもの。これがてっぺん流だ。

まず、新人アルバイトにそれぞれのシーン（カテゴリー）ごとに極意を書き込む白紙の紙を渡す。この紙には、「オーダーのとり方」「お会計」「お見送り」というようにカテゴリー名のみ記されている。極意が書いてあるわけではない。現場で先輩がどんなことを行っているかを自分の目で見て、あるいは先輩から教わったことを、1カ月間かけて白紙の紙に書き込んでいく。

そして、1カ月後、新人が自分で書き込んだ極意と、すでに出来上がっている先輩たちが作った極意集（=店の極意）を照らし合わせる。こうして自分で確認をして、考えながら書き込んだ極意をすり合わせることにより、アルバイトの頭の中に確実に極意が入り込むわけだ。出来上がったマニュアルを渡して「覚えてこい」というよりも何倍もの効果があるという。

接客の極意のヒントになるシーンを発見し、気づいたらそれを常にメモにとる。社長以下スタッフ全員が「接客のネタ帳」をポケットなどに常に携帯し、お客に喜んでもらったことなどをメモするのを習慣づけることも徹底している。

極意の追求の仕方はこれに留まらない。極意集が完成するまでには、さらに何段階ものステップを踏む。

極意集の改定期を迎えると、新人だけでなく、各店舗のスタッフ全員に新しい白紙の紙を渡し、一人ひとりが新しい極意を書き込んでいく。「こんなサービスをしてお客様に喜んでいただいた」という、大嶋氏いわく〝スーパーサービス〟を書き込んでいく。また、お客としてほかの店に行って学んだこと、参考になったことなども書き込んでいく。

こうしてまず、スタッフそれぞれの極意が出来上がる。次に、店舗ごとにこの極意を出し合い、店舗で集約して一本化する。さらに4店舗の店長ミーティングで店ごとの極意を出し合って集約し、てっぺん流の極意集が完成する。しかし、最後にもう一段階ある。

「店舗から上がってきた極意集に、さらにホテルやレストランの最高のサービス、美容業界の最高のサービスのエキスを盛り込んで、てっぺん流の極意に落とし込みます。こうしてスーパーサービスの極意集が完成します」

こうしてヘトヘトになるほどのプロセスを経てマニュアルが完成する。サービスの極意集は毎年作り変えるが、作り変えることで、接客サービスのレベルを毎年高めている。

これが、てっぺん流「接客日本一」の追求のやり方だ。

究極のベンチマークをつくり上げていった！

接客のネタ帳と、他店・他業種のベンチマークの二つを兼ね合わせることで、日本一へのサービスの極意集が出来上がる。

ベンチマークは競合店調査のようなものだが、てっぺんのそれは「究極」ともいえる。

スタッフそれぞれがベンチマークに行ったときも、例えばおしぼり一つとっても、「こんなインパクトのある渡し方があった」「こんなかわいい巻き方をしていた」といったことをネタ帳にメモをする。それを店で「もう少し香りがあるといいよね」というように、ネタ帳をスタッフ全員で共有する。

また、「究極のベンチマークは、レストランで3店舗、ホテルで3店舗、居酒屋で3店舗と、最高のサービスをしている店を見つけたら、徹底してマークをするこ

と」（大嶋氏）

マークとは、徹底的に取材するということだ。

どのようにして接客サービスをつくり上げているのか、どんな仕組みになっているのかということを、大嶋氏は経営者や店長、あるいは社員に徹底した取材をするという。「取材をさせてください」とお願いをして、2時間くらい時間をとってもらい取材をする。そして、取材した結果を会社に持ち帰り、スタッフを集めて社内プレゼンを行う。

「○○という居酒屋はこんなやり方でサービスのレベルを上げていました。これをてっぺん流にこう活かしたいと思う」と社内プレゼンを行うのだ。

これまで、こうして徹底的にサービスを追及してきたが、その成果を今年は内容のともなう接客にレベルアップさせることで「接客日本一」を追求している。

お客を元気にさせる「言葉の力」常に意識。

接客の極意集に基づいて実践している接客サービスのごく一部を見てみよう。サービスとして当たり前のことから、インパクトや演出効果のあるサービス、お客の心理をくすぐる心理学的な接客まで、それぞれのシーンで実に様々な極意がある。

会計のときにしっかりと手を添える、お客が帰るときは店の外に出てお客が見えなくなるまでお見送りをするといったことは、基本的なこととして徹底している。一番最後のお客はスタッフ全員が外に出て「ありがとうございました」とお見送りをするといったことも徹底している。

演出効果という点では、例えばウェイティングでのシーン。てっぺんではウェイティングの際にミニサイズの缶ビールを1本サービスする。待っているお客へのサ

真険に楽しませる

ときには冗談も言い、軽い乗りにも見える。しかし、お笑い芸人のコントや漫才が練習の成果を見せる真剣勝負の演目のように、本気でお客を楽しませるために「笑い」も利用している。

ービスという面だけでなく、ミニ缶ビールの空き缶がたくさん並んでいると、「こんなにお客さんが待ってたんだな」と、ほかのお客へのアピールにもつながるからだ。

また、「言葉の力」を接客サービスに盛り込んだりもする。例えば、来店したお客への最初の声かけのときに「誘引の法則」を活用する。

てっぺんでは、お客を元気な気分に引き込むプラスの言葉を大切している。「元気でしたか」と聞くと、元気のないお客は「いやぁ、元気ないんだよね」と言ってしまいがちだ。そうではなく、「今日も元気そうですね」と声をかけてあげることにより、元気な気分に引き込んであげる。お客の心理としては、「元気じゃないんだけど、元気そうに見えるのかな」と働く。

よくある話だが、「顔色が悪いね」と立て続けに3人の人に言われると、本当は元気なのに顔色が悪くなってしまう。逆もしかりで、「元気そうですね」と言われると元気な気分になるのと同じこと。

また、ビールをお客に提供するときも、「本当においしいビールです」「絶好調のビールです」と言うと、よりおいしく感じる。オーダーを通すときも「おいしい生3丁お願いします!」と、店内に響き渡るような大きな声で言うようにしている。

また来たいの本質　**お客は「言葉」で元気づけられる。**

「返事の仕方だけでも最高のサービスができます」と大嶋氏が言うように、挨拶や返事は特に重要視している。

例えば、お客に「すいませーん」と呼ばれたら、状況にもよるが、「ハーイ！」と笑顔と大きな声で手を挙げながらお客の席まで小走りで駆け寄っていく。そうすると、お客は「呼んでよかった」という気分になる。普通ならば、忙しいときは従業員を呼んでもなかなか来てくれなかったり、「呼ぶ」というのはお客に「気付いてくれよ」と思わせてしまいがちで、つまりマイナスな面もあるが、「呼んでよかった」と思わせる心理の転換をはかるのも大事なテクニックだという。

てっぺんのサービスの極意は、テクニシャンとはちょっと違う。挨拶や返事一つとっても、難しい言葉を言うわけではない。要は、サービスをするスタッフの人間性の問題が重要で、人間力をいかに磨き育てるかということに、てっぺんの真髄がある。

また来たいの本質

元気な声、表情に人は自然と引きつけられる。

接客力の向上は、人間力の向上から！

「一人一人が輝いている状態をつくることが最高のサービス」

このことが、てっぺんのめざしている最高のサービスだ。

大嶋氏は、接客の向上は、イコール人間力の向上だと力説する。このことをサービスの極意の最重要テーマとし、「接客日本一」への原動力にしている。

人間力には、「人間関係能力」と「人間的魅力」の二つがある。この二つを向上させていくことが、サービスの向上につながる。だから、いかにして人間力をつけていくかが重要だという。

①人間関係能力

人間関係能力を向上させるということは、自己表現を向上させること。自分の心を開くこと。自分をうまく表現できる人もいれば、自分をさらけ出すことができない人もいる。自分をさらけ出せるようになり、人間力を向上させるためのひとつのツールが「朝礼」だ。

自分の心を開き、思い切りさらけ出す。この自己開示と自己表現を毎日毎日訓練することによって人間関係能力が向上する。それを中途半端に行うのではなく、思い切りやることによって「表情」が変わる。表現力が変わる。そのことを、人間関係を築いていくための大事なポイントにしている。

②人間的魅力

呼んで字のごとく、人間的な魅力をのばしていくこと。魅力というのは、人に魅《み》せる意識を高めることで、人間の魅力を高める。見られる意識よりも魅《み》せる「魅《み》せる」意識を向上させることだ。魅《み》せる意識を高める方法として、てっぺんでは二つのことを行っている。

一つは、朝礼をお客に公開すること。もう一つは、店内をフルオープンキッチンにしたことだ。個室をまったく設けずに、常にスタッフの表情をお客に見せる。お客に見られている空間にスタッフを置くことで、自分たちの表情や笑顔、元気さを

また来たいの本質

接客の魅力は、その人の魅力でもある。

常にお客に魅《み》せる。自分を隠すところのない空間におくことで、見られている以上に魅せる意識を高めていくものだ。

元気な人に会うと元気をもらえる。前向きな人に会うと前向きな気持ちになれる。輝いている人に出逢うと自分まで輝いてくる。

「てっぺんのめざすサービスは、お客様に元気になっていただきたい、元気を持ち帰っていただきたい。そのためには、働くスタッフが誰よりも元気で、前向きで、輝いていなければなりません」と大嶋氏は言う。人間力を高めることが接客力を高めることにつながるというのが信念だ。

人もチーム力も磨くのが「公開朝礼」の目的。

てっぺんの公開朝礼は、見学するだけでなく、実際に参加することもできる。年間1万人の見学者を集めるこの朝礼は、飲食業界はもとより、企業や学校、海外からも熱視線が注がれている。

文章ではなかなか形容しがたいが、ハイモチベーションなスタッフの叫び声にも似たかけ声や宣言を目の当たりにしたら、体が震えるような感動すら覚えるかもしれない。

約15分のてっぺんの朝礼は、スピーチ訓練、No.1宣言、挨拶訓練・はい訓練の3本柱で構成される。

スピーチ訓練では、その日の朝礼テーマに沿って自分の想いや思っていることを約1分間で話すことになっている。自分の夢や人への感謝の想いなどを、話すというより絶叫しながら、ときには涙しながらスピーチする。例えば、こんな具合に進む。

「○月○日。ただ今より日本一の朝礼を行います。おはようございます！　今日のスピーチ訓練のテーマは『ありがとう』です。それではスピーチ訓練。　スピーチ！」

店長がスピーチ宣言の声かけると、整列したスタッフが「ハイ！　ハイ！　ハイ！」と我先にと一斉に手を挙げる。（187ページ写真）

「ここにいるメンバーは、俺は必ず世の中に出る人間だと思っている。そんなメンバーたちと、ここで一緒に仕事ができるのは最高です！」

「あんたはなんでもできるんだよと言ってくれたおふくろのおかげで、僕はここにいます！」

と高揚した男性スタッフたちが、かれんばかりの絶叫口調で言えば、

「おじいちゃん、おばあちゃんが人生を振り返ったときに、良かったねと思えるような瞬間をプレゼントしてあげたい！」

「私を生んでくれて、ここまで育ててくれてありがとう！」

と涙ながらに声を張り上げる女性スタッフたち。

No.1宣言は、各自が掲げている「○○日本一」を腹の底から大声で宣言する。

「おはようございます！『感動を与える男日本一』でいきます、お願いします！」

「おはようございます！『あたたかい言葉日本一』でいきます、お願いします！」

「おはようございます！『夢を与える男日本一』でいきます、お願いします！」

最後の挨拶訓練では「いらっしゃいませ」「ありがとうございます」の挨拶を司会者の先導で全員が一斉に連呼し、チームが一丸となって営業前のテンションを高めていく。

見るものを圧倒する超ハイモチベーションの朝礼風景。わかりやすく言えば、テ

レビでも紹介される自己啓発セミナーでよく見られる光景を思い浮かべるとイメージしやすいだろう。果たしてスタッフの誰もが何の抵抗もなくこの朝礼を楽しんでいるのだろうか？

「入店したての頃は、だいたい8割くらいのアルバイトが朝礼を嫌い、朝礼が嫌で仕方がないという人が多いですよ」（大嶋氏）

人前で自分をさらけ出すことに抵抗を感じない若者などそう多くはいないはずだ。

「ただ、みんなこの朝礼のことを知ったうえで入店してきます。覚悟はできているのです。大事なのは『何のために』こうした朝礼をやっているのかということをきちんと説明すること。朝礼は自分の成長につながる。朝礼によって自分を輝かせ、チーム力が高まり、人間関係がよくなるんだということを伝えます。いろんな効果や意味を理解できるようになってくると、朝礼を継続的にやろうと思うようになってきます」

この「何のために」ということが重要で、それをいかにわからせるかが、スタッフが磨かれるかどうかのキーになる。

大嶋氏は、てっぺんのような独特の朝礼を『飯場銀座店』の店長時代にすでに実践していた。このときも朝礼に見学者が殺到するほど話題になったという。こうした朝礼も、店長時代に様々な店の朝礼を見学した経験が生きている。

「どうしたら人は輝くか」を徹底的に追求中!

どうすれば社員もアルバイトもみんなが眩《まぶ》しいほどに輝けるのか。大嶋氏は、これまでの飲食業での経験のほか、人材教育などの研修やセミナーに積極的に参加して様々なものを学んできた。こうして蓄積したノウハウは10項目に集約されるという。この10項目を詳細に見ていこう。

①自分の可能性に気づくこと

未来の自分に気づくこと。これを重要なポイントにしている。自分の可能性に気づいている人と気づいていない人の違いはものすごく大きい。人が輝く生き方は、自分の可能性に向かって挑戦する生き方だ。「私も自分の可能性に気づけずに、自分には無理だと思っているときは輝いていなかった。飲食業界に入った9年前、まず自分を信じようと、自分自身を認めてあげようと思ってから変わりました」（大嶋氏）

自分の可能性に気づくことがすべてのスタートだ。

②ワクワクするような夢を描くこと

夢を持つと人は輝く。てっぺんでは、スタッフ一人一人の夢を大事にし、応援している。みんなが夢を描けるような環境づくりに重点をおいている。

てっぺんは、店を「独立道場」として位置づけて、スタッフの独立を支援している。そのため、スタッフは全員、店を卒業した後の将来の夢と目標、その実現時期などを具体的に書いた「夢シート」を常に持っている。例えば、沖縄合宿では、夢シートをもとに3日間全員で夢を語り合った。6人ずつグループに分かれ、1人2分間の持ち時間でスピーチをして、グループがどんどん入れ替わる。自分の夢を人と共有することと、人の夢を聞くことで自分の成長にもつながるという考えからだ。

③夢を毎日口にすること

夢や目標を思い描くだけでなく、実際に口に出して言うことで人は輝いてくる。実現に向けて行動できるようになる。毎日朝起きたら口にし、自分なりに夢シートつくって口に出して読んでみたり。これがてっぺんでは「朝礼」にあたる。

夢を語り合う仲間を持つことが、夢を実現する大きな力となる。

④マイナス言葉禁止

前向きな言葉、感謝の言葉をこれでもかというくらい口にする。

自分が話す言葉を一番近くで一番たくさん聞いているのはほかでもない、自分だ。マイナスな言葉を口にしたとき、一番悪影響を受けるのは自分なのだ。

言葉によって心構えがつくられる。前向きな言葉は前向きな心をつくり、感謝の言葉は感謝の心をつくる。逆に否定的な言葉は否定的な心をつくる。

大嶋氏は、「心が変われば行動が変わる。行動が変われば人生が変わる」という格言を大事にしている。行動がプラスになれば人生もプラスになる。行動がプラスになるにはプラスの心構えが必要。だから、常にワクワクしている状態をつくること。その心をつくるには言葉が大事だ。

⑤本気のストローク

ストロークは心理学的には「自分と相手を認める働きかけ」のこと。実は、このことが接客の極意につながり、飲食業の現場ではすごく重要なこと。大嶋氏は「心の壷」を例に出して説明する。

人間の心の中には心の壷がある。壷の中にはプラスとマイナスがいっぱいに満たされている。壷には一定量しか入らないので、新しくプラスが1個入るとマイナスが1個出る、マイナスが1個入るとプラスが1個出る仕組みになっている。壷の中のプラスが多いときは気分がよく、やる気も満々。マイナスが多いときは、疲れたなと感じ、気分がのらないとき。

プラスは「ストローク」のことで、具体的には、ほめる、拍手をする、元気な挨拶をする、笑顔で相手の話を聞くという働きかけのこと。働きかけると自分のプラスはどんどん増える。

マイナスは「ディスカウント」といい、具体的には、相手を馬鹿にする、軽く見る、無視するなどの働きかけのこと。働きかけると、自分のマイナスもどんどん増える。

ここで大事な原則は、心の壷にプラスがたくさんたまってくると、プラスを相手

また来たいの本質

心が伝わる接客の魅力は、客から客へ伝わっていく。

●人を輝かせる本気のストローク

——プラスのストロークの多さがチーム力を高める

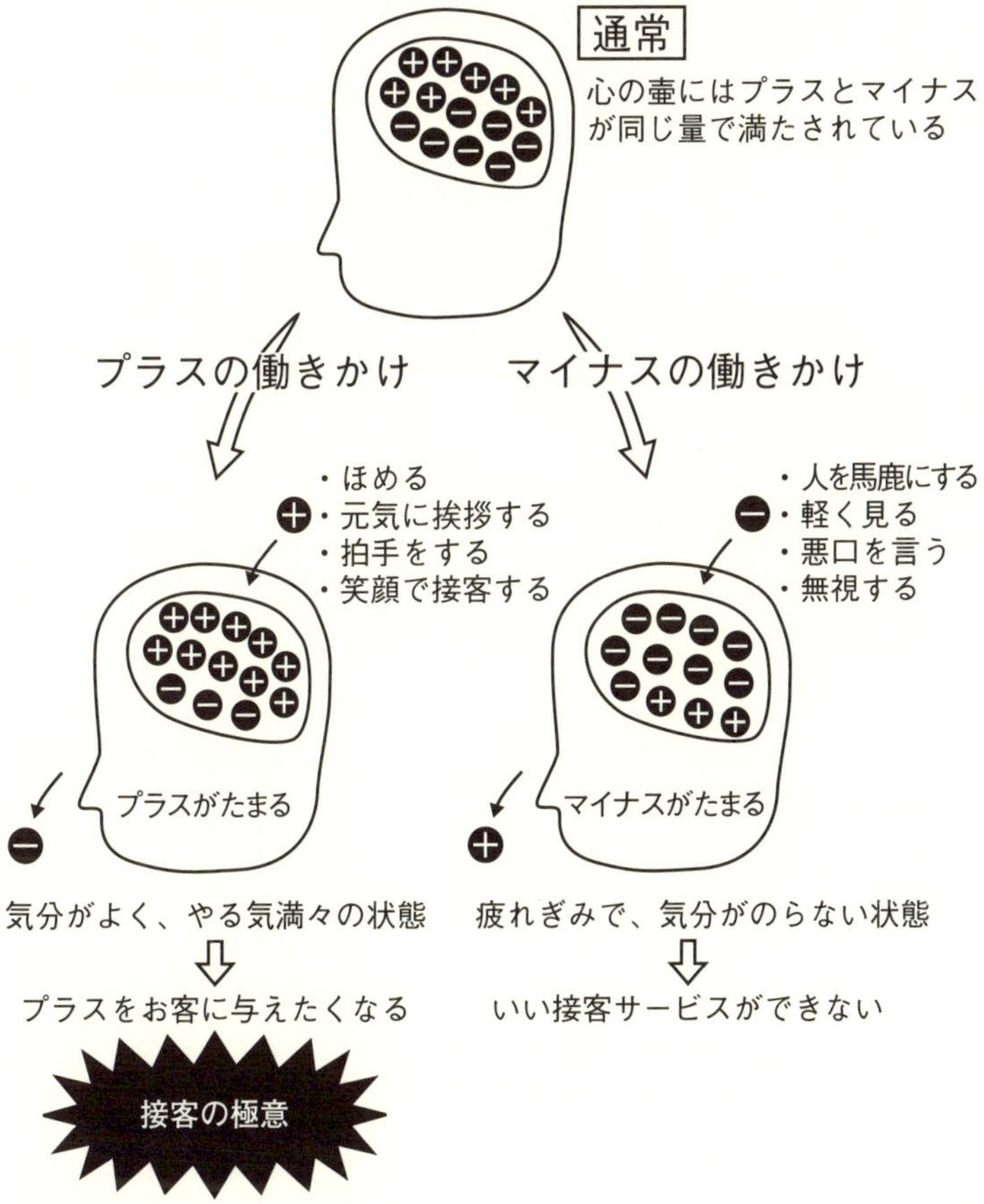

に与えたくなるという人間の心理。ここが重要なポイントで、「接客の極意」につながる部分だ。

つまり、プラスが心の壷にたまってくると、プラスを与えたくなるので、自分がうれしい、楽しい気分になると、お客もうれしい、楽しい気分にさせてあげたいと思う心理が働く。接客とは、「お客一人一人の心の壷のプラスを増やしてあげること」。お客に元気を与えたい、お客にもっと喜んでもらいたい、ということを心から思える状態にしてあげることが大切だ。

だから、馬鹿にされたり、無視したり、チームワークが悪かったり、愚痴や不平不満を言ったり、心の状態がマイナスのときは、いい接客サービスができない。自分の気持ちが落ち込んでいるのに相手を元気にさせることはできないのだ。

自分の心にマイナスが多いときに心をプラスにされることが必要で、これが「公開朝礼」の極意でもある。てっぺんの朝礼は、プラスのストロークのぶつかりあいだ。心の状態をプラスのストロークで満杯の状態に持っていく。そうすることで、お客に元気を与えられる状態をつくる。

「このプラスのストロークがいかに多いかが〝チーム力〟にもつながる。お客様も一緒で、お客様の心がどんなにマイナスが多くても、スタッフにほめられたり、認

また来たいの本質

仲間を元気にする接客ぶりがある。

められたり、元気な挨拶をされたり、笑顔によって、帰る頃には心がプラスで満たされている。これが『また来たくなるサービス』の原理なのです」（大嶋氏）。

⑥輝いている仲間を持つこと

どんな仲間を持つかということが重要。元気な人と一緒にいると元気になる。前向きな人と一緒にいると前向きな気持ちになれる。てっぺんには輝いている人間がたくさんいる。だから元気がうつる。輝いている店は、お客も輝き、元気になれる。

⑦輝いている「達人」から学ぶ

成功したければ成功している人から学ぶこと。輝きたければ輝いている達人から学ぶこと。そのためにも、輝いている人たちはなんで輝いているかを知ること。「接客日本一」をめざしたければ、接客日本一を実践している人（店）は誰かを知ることもそう。こうした達人から学ぶ＝真似ること。

⑧与えて、与えて、与えまくる

「松下幸之助さんの言葉で『人間の魅力とは、与えると生まれ、求めると消える』

また来たいの本質

輝いている人の周りに人は集まってくる。

という言葉があります。『ああしろ、こうしろ』と求める人は魅力がなくなる。元気を与えたり、夢を与えたり、感動を与えたりするような、人に与えまくる人はその人間自体人の魅力が高まってくるということです。私はこの言葉に感銘をうけました。

飲食業の素晴らしいところは、お客様に感動を与えたり、元気を与えたり、喜びを与えると、『ありがとう』という言葉が返ってくることです。この『ありがとう』という言葉が人を輝かせるのです。お客様から『ありがとう』という言葉をどれだけもらったかで、輝き方が違ってきます」(大嶋氏)

人に与えた分だけ自分が輝ける。「ありがとう」の数だけ人は輝ける。これが飲食業の、接客の醍醐味《だいごみ》であり、飲食業は働く人間が最も輝けるステージなのだ。

⑨トイレ掃除をする

これでもかというくらいトイレを磨く。トイレを磨くと自分の心が磨かれる。てっぺんでは、店長が必ずトイレ掃除をする。スタッフより30分早く入店してトイレ掃除をする。店長がトイレを磨くことで店長の心が磨かれ、店長自身が輝く。嫌なもの、嫌なことを遠ざけるのではなく、近づくことで達成感が得られる。すな

また来たいの本質

「本気」のレベルは高められる。より高い「本気」をお客は認める。

わち心がきれいになる。

⑩親孝行をする

親孝行をすると心が磨かれ、自分が輝いてくる。親に感謝する心が素直な心をつくり、素直な心が成長につながる。

「素直さが、その人の内面を輝かせるということを実感しています。親孝行ほど人を輝かせるものはないと確信しています。てっぺんでは、年に1回、スタッフ全員が親孝行の目標を立てます。誕生日に手紙を書く、お母さんの誕生日は家族でサプライズをするなど、どんな親孝行ができるかを目標設定します。それを実行することでさらに自分の輝きが増します」（大嶋氏）

大嶋氏は、飲食業に入ってからの9年間、飲食業の勉強をしていたのではなく、どうすれば人は輝くのか、どうすれば人を元気にさせられるのか、どうすればスタッフのヤル気を起こせるか、どうすれば強いチームがつくれるかということを徹底的に勉強してきた。

「スタッフみんなが輝いていることが、どれほどお客様を元気にして、輝きが伝わるのかということが、この9年間でわかったこと」と大嶋氏は振り返る。

店長が輝くことがスタッフの輝きにも！

07年の7つの追求の一つに、「リーダー育成の追求」がある。てっぺんでは、リーダーの条件を2つ掲げている。

一つは、スタッフ一人ひとりの可能性を最大限に引き出すこと。スタッフ個々の持っている可能性に気づき、うまく引き出してあげる。部下に対する不平不満ばかり言うようなリーダーはチームをまとめることができない。優秀なリーダーは、優秀なスタッフを育てられる。

アルバイトができないところを見て「コイツはダメだ」と思う店長と、店長が「コイツはできる」と思ってくれることでは、アルバイトの成長が全く違う。アルバイトが「必ずできる」と信じて逆に厳しく接することもアルバイトの成長につながる。一番よくないのは、「コイツはできるわけがない」と思って接すること。店長のこうした心をアルバイトも必ず感じ取る。

もう一つは、すべての物事、出来事、事実を肯定的に解釈すること。アルバイトのミスでもすべての出来事をプラスの方向に考えられるようにスタッフを導いていけること。

てっぺん4店舗の店長もみな、朝礼を長く経験し、自分を磨いてきた。店長が一番輝くことによって、スタッフの輝きも増してきた。しかし、当然といえば当然だが、創業当初からいまのようなチーム力があったわけではない。大嶋氏は振り返る。

「てっぺんの創業メンバーの一人で、現在、てっぺんの統括店長を務める人間がいます。私の次に店長に就いた男です。彼が二代目店長だったころ、なかなかチームがまとまらずに、やることなすことから回りばかりで、1年くらいへこんでいた時期がありました。スタッフの誰にも店長として認めてもらえなかったんです」

彼が立ち直ったきっかけの一つは、大嶋氏のひと言だった。

「俺はお前の今を見ていないよ。可能性を信じているよ」

大嶋氏は、彼の今を見て判断をしなかった。「悩んだり、苦しんだり、へこんだり、お前はいま、すごくいい経験をしていると思うよ。だからこの先、一気にのびるはずだよ。3カ月、4カ月後には日本一の店長になっているよ」と励ました。

また来たいの本質

輝いている人から教わると、自分も輝いてくる。

彼は自分の可能性を信じてくれている人がいるということで、立ち直った。そこから復活した。

「お前はできるよ」と心から言ってくれる人がいたことで、自分は変われた。自分の可能性を信じようと、吹っ切れて、誰よりも頑張って今まで以上に働いた。

「僕もそうです。まったく仕事ができなくて、へこんでいたときに、店長が、『お前ならできるから』と自分の存在を認めてくれて、変われて復活した」と大嶋氏はいう。

「認める」ことで人は育ち、輝きを取りもどせる。

「独立道場」としての『てっぺん』のこれから。

てっぺんは現在、『てっぺん自由が丘』を本店に、『てっぺん渋谷・男道場』『てっぺん渋谷・女道場』のほか、大嶋氏の出身地である三重県桑名市の『てっぺん桑名』の4店舗を持つ。その他に副社長が独立した店舗が中目黒と京都にある。

07年8月には、独立店舗として『まいどてっぺん』(中目黒)がオープンしたのをはじめ、創業メンバーの幹部3人が独立する。07年は国内5店舗、韓国1店舗のオープン計画しており、さらに来年はニューヨーク、ハワイにも独立店舗の出店を予定している。

いまのスタッフは、独立していくか、海外に出店するスタッフが中心になっているという。

独立店舗は、FCやのれん分けというスタイルはとっていない。「てっぺん」の名を店名に使う店もあれば、まったく独自の店名の店もある。ただ、強制はしていないがどの店も「朝礼」は継続していくそうだ。FCやのれん分けとは違うが、「直営店舗以上のつながりは持ちたい」と大嶋氏は言う。

てっぺんは、なぜ日本一輝いている店をめざしているのか?

「自分たちが輝き、模範店をつくることで、居酒屋業界で働く人たちが輝き、業界の活性化にもつなげたい。そのために、朝礼を含めてノウハウを公開しています。

僕達の使命は日本を元気にすること。居酒屋が変われば日本が変わる。居酒屋が輝けば日本中が輝く。そんな念いでこれからも走り続けていきます」

●独立道場「てっぺん」の独自の研修内容

■1日体験研修

てっぺんの取り組みや朝礼前の取り組み、営業など日々の取り組みや仕事を体験してもらう。

<基本的な研修の流れ>

11:45　研修のオリエンテーション
12:00　朝一朝礼
12:10　仕込み
15:30　まかない
16:30　営業前ミーティング
16:45　朝礼
17:00　営業開始
25:00　営業終了（終電で帰宅もOK！）
27:00　終礼
27:30　振り返り・研修終了

■店舗研修3日間・5日間

てっぺんの朝礼を自店で体験できる研修。朝礼の価値と意味を実体験を通して理解し、チームとしての一体感を高めるもの。

<3日間コース>

1日目：朝礼の意味①
2日目：朝礼の意味②
最終日：心のブレーキを外せ！

<5日間コース>

3日目までのゴールは上記の通り
4日目：凡時徹底
最終日：人が輝く秘訣とは！

また、独立道場としてのてっぺんの今後の展開について大嶋氏は「チーム」という言葉を用いてこうも説明する。

「100店舗・100人の店長よりも、100店舗・100人の経営者がいる自立型の最強チームをつくりたい。

独立のキーワードは『自由』と『つながり』、『自立』と『感謝』。そして共に勝つことです。僕達は同じ目的、理念を持った志の高いチームをつくっていきたい。だから、それぞれが自分の表現したいように表現すればいいと思っています。そして、『共に勝つ』気持ちを大切にし、共に学び、共に刺激し合い、情報を共有し、共に成長していけるチームでありたい。共に『日本を元気にする』という目的に向かって、挑戦していくチームでありたい」

取材：井上久尚、坂上和芳

カバーデザイン：宮本　郁

大評判の居酒屋・ダイニングが磨いている接客法を解明。

接客力

発行日　2007年10月8日　初版発行

編　　　者　旭屋出版《あさひやしゅっぱん》「近代食堂《きんだいしょくどう》」編集部《へんしゅうぶ》
制　作　者　永瀬正人
発　行　人　早嶋　茂
発　行　所　株式会社旭屋出版
〒162−8401　東京都新宿区市谷砂土原町3−4
電話　03−3267−0865（販売）
03−3267−0867（編集）

旭屋出版ホームページ　http://www.asahiya-jp.com
郵 便 振 替　00150−1−19572
印刷・製本　奥村印刷株式会社

ISBN978-4-7511-0706-5 C2034